DE
LA SAISIE
DES
BATIMENS NEUTRES.

TOME SECOND.

DE LA SAISIE

DES

BATIMENS NEUTRES,

OU

DU DROIT QU'ONT LES NATIONS Belligérantes d'arrêter les Navires des Peuples Amis.

Par

M. HÜBNER,

Iĉte, Affeffeur au Confiftoire de Sa Majefté Danoife à Copenhague, de la Société Royale de Londres, & de l'Académie des Infcriptions & Belles-Lettres de Paris.

TOME SECOND.

A LA HAYE,

M DCC LIX.

TABLE

Des Chapitres & des Para-
graphes, contenus dans
ce fécond Tome.

PREMIÉRE PARTIE.

Avant-Propos. . . *Page* 3-6.

Chap. I. Du Juge Compétent des Prises Neutres. . . . . . 7-42.

§. I. *Réflexionspréliminaires.* 7-10.

§. II. *Principes. Digreſſion ſur la Juriſdiction Conſulaire.* 10-19.

§. III. *Application & modification des Principes. Etat de la Queſ-tion.* . . . . 19-21.

§. IV. *Incompétence des Tribu-naux ordinaires, ſelon le Droit de Gens primitif.* . . 21-26.

§. V. *Continuation.* . . 26-31.

a iij

§. VI. *Fin des Réflexions sur l'incompétence des Tribunaux ordinaires.* . . 31-35.

§. VII. *Objection. Réponse.* . . . 35-42.

Chap. II. SUITE DES RÉCHERCHES SUR LE JUGE COMPÉTENT DES PRISES NEUTRES , SELON LES PRINCIPES DU DROIT DES GENS UNIVERSEL. . . . 43-69.

§. I. *Du Juge Compétent des Prises Neutres en général.* . . . 44-45.

§. II. *Difficulté. Moyen de la lever.* . . . 46-47.

§. III. *Avantages de la Jurisdiction projettée.* . . 48-51.

§. IV. *Observation.* . . . 51-

§. V. *Quels sont les Juges Compétens des Prises Neutres , conduites dans leurs propres ports?* 52-53.

§. VI. *À qui c'est de juger les Navires Neutres , menés dans* les ports des Preneurs? . 53-55.

§. VII. Du Juge Compétent d'une Prise Neutre, conduite dans un port, apparténant à l'Ennemi du Saisissant. . . 55-59.

§. VIII. Qui est le Juge Compétent des Prises Neutres, conduites dans un port apparténant à une troisiéme Puissance, également Neutre? . . 59-63.

§. IX. Réflexions sur le contenu du paragraphe précédent. . 64-69.

Chap. III. RÉFLEXIONS SUR LE PROCÈS DES PRISES NEUTRES. . . . 70-88.

§. I. Avant-Propos. . . 70-71.

§. II. Sur quoi l'on doit juger les Prises Neutres. . . . 71-73.

§. III. Si une Prise Neutre peut faire venir des Piéces justificatives après la Saisie? . 73-76.

§. IV. De quoi décident absolument les Piéces trouvées à bord de la Prise. . . 76-78.

viij **T A B L E**

§. V. *Après, ou selou, quoi les Prises Neutres doivent être jugées.* . . 78-82.

§. VI. *A qui c'est de prouver la légitimité d'une Prise Neutre.* . . . . 82-88.

Chap. IV. DE LA DÉCLARATION DE BONNE PRISE, RÉLATIVEMENT AVX BATIMANS NEUTRES. 89-122.

§. I. *Avant-Propos. Définition.* . . . . 90 91.

§. II. *Observation préliminaire. Axiome Universel. Maximes fondamentales.* . 91-94.

§. III. *Explication de la Définition.* . . . 94-96.

§. IV. *Quels Bâtimens peuvent être déclarés de bonne prise avec leurs Cargaisons.* . . 96-97.

§.V. *Quels sont les Navires Neutres qui peuvent être déclarés de bonne prise ; mais dont les cargaisons doivent être restituées.* . . . . 97-100.

DES CHAPITRES. ix

§. VI. *Quels sont les Vaisseaux Neutres dont ni les Corps, ni les Cargaisons, ne peuvent jamais être déclarés de bonne prise, suivant le Droit des Gens Primitif.* . . 100-106.

§. VII. *Objection. Réponse.* . . 107-111.

§. VIII. *Difficulté. Moyen de la lever.* . . 111-114.

§. IX. *Explication.* . 114-118.

§. X. *Temps où doit cesser toute Déclaration de bonne prise.* . 118-122.

SECONDE PARTIE.

*A*VANT-PROPOS. 125-128.

Chap. I. DE LA SAISIE DES BATIMENS NEUTRES EN GÉNÉRAL, SUIVANT LE DROIT DES GENS CONVENTIONNEL. 129-163.

§. I. *Avis préalable.* . 130-131.

§. II. *Idée du Droit des Gens*

Conventionnel. . 131-138.

§. III. *De la Liberté du Commerce Maritime des Etats Neutres, suivant le Droit des Gens Conventionnel.* . 138-144.

§. IV. *Continuation.* . 144-154.

§. V. *Cas où les Bâtimens Neutres sont saisissables, suivant la téneur de plusieurs Traités.* . . . . 154-160.

§. VI. *Cas où les Navires Neutres doivent être à couvert de Saisie, suivant la disposition de quelques Contrats politiques.* . . . 160-163.

Chap. II. DE LA CONTREBANDE DE GUERRE, DÉTERMINÉE PAR LE DROIT DES GENS CONVENTIONNEL. . . 164-182.

§. I. *Avant-Propos.* . 164-168.

§. II. *La Contrebande de Guerre, suivant quelques Traités faits avec le DANEMARC.* 168 171.

§. III. *La Contrebande de Guer-*

re, déterminée entre la FRANCE & quelques autres Puissances. . . . 171-174.

§. IV. Fixation du Prohibé de Guerre par quelques Traités, faits avec la GRANDE BRETAGNE. . . 174-178.

§. V. Conventions de quelques autres Puissances au sujet de la Contrebande de Guerre. 178-182.

Chap. III. SI LE PAVILLON NEUTRE COUVRE LA CARGAISON, SUIVANT LE DROIT DES GENS CONVENTIONNEL. . . 183-197.

§. Observation préliminaire. 184.

§. II. Si le Pavillon DANOIS couvre la Marchandise non-contrebande de Guerre, suivant quelques Conventions expresses, faites avec les Souverains de cette Nation. . . 185-188.

§. III. Décision de la question entre la FRANCE & quelques autres Etats . . . 188-193.

§. IV. *Droits du Pavillon Neutre, rélativement à ce sujet, suivant quelques Traités faits avec la GRANDE-BRETAGNE.* 193-195.

§. V. *Quelques Conventions de la République d'HOLLANDE sur ce sujet.* 195-197.

Chap. IV. DE LA VISITE DES NAVIRES NEUTRES, SUIVANT LA DISPOSITION DES TRAITÉS. 198-225.

§. I. *Avant-Propos.* 198-199.

§. II. *Forme de la Visite des Navires Neutres, selon quelques Traités, conclus avec le DANEMARC.* 200-207.

§. III *Conventions sur la Visite des Navires Neutres avec la FRANCE.* 208-214.

§ IV. *Engagemens formels, pris par la GRANDE-BRETAGNE, au sujet de la Visite des Bâtimens Neutres.* 215-221.

§. V. *Dispositions ratifiées par l'Es-*
PAGNE & la HOLLANDE, sur
ce sujet. . . . 221-225.

Chap. V. DU JUGE COMPÉTENT ET
DU PROCÈS DES PRISES NEU-
TRES, SUIVANT LE DROIT DES
GENS CONVENTIONNEL. . . . .
. . . . . . 226-254.

§. I. *Avant-Propos.* . 227-228.

§. II. *Stipulations négociées par le*
DANEMARC, concernant le Ju-
gement & le Procès des Prises
Neutres. . . . 229-234.

§. III. *Dispositions des Traités,*
faits avec la FRANCE, en tant
qu'elles regardent le Jugement &
la Procédure contre les Prises
Neutres. . . . 234-240.

§. IV. *Conventions de l'ESPAGNE*
sur le Procès & le Jugement des
Prises Neutres. . . . 240-250.

§. V. *Accord entre la GRANDE-*
BRETAGNE & la République
d'HOLLANDE, toûchant le Ju-

xiv **TABLE**

gement & le Procès des Prises.
. . . . 250-254.

Chap. VI. CONVENTIONS DE PLU-
SIEURS SOUVERAINS, AU SUJET
DE LA DÉCLARATION DE BONNE
PRISE, RÉLATIVEMENT AUX NA-
VIRES NEUTRES. 255 283-

§. I. *Avant-Propos.* 256-258.

§. II. *Conventions faites par le DANEMARC, au sujet de la Déclaration de bonne Prise.*
. . . . . 258-263.

§. III. *Engagemens pris par la FRANCE, au sujet de la Déclaration de bonne Prise, rélative-ment aux Navires & Effets des Neutres.* . . . 263-274.

§. IV. *Stipulations arrétées par les Traités avec l'ESPAGNE sur ce sujet.* . . . 274-279.

§. V. *Conventions entre l'AN-GLETERRE & la République des PROVINCES - UNIES des Pays-Bas.* . . . 280-283.

DES CHAPITRES. xv

ORDONNANCE ET RÉGLEMENT DU ROI, CONCERNANT LA NAVIGATION DE SES SUJETS, PENDANT LA GUERRE ENTRE DES PUISSANCES MARITIMES. . . . 284.

Fin de la Table du Tome II.

DE LA SAISIE

DES

BATIMENS NEUTRES,

OU

DU DROIT QU'ONT LES NATIONS

Belligérantes d'arrêter les Navi-
res des Peuples Amis.

TOME SECOND.

PREMIÉRE PARTIE,

Qui traite de CE QUI SUIT *la*
Saisie desdits Bâtimens, ou de ce qui
est universellement juste à l'égard des
Prises Neutres.

Non *illis* imperium pelagi. *VIRG.*

DE
LA SAISIE
DES
BATIMENS NEUTRES,
OU
DU DROIT QU'ONT LES NATIONS
Belligérantes d'arrêter les Navi-
res des Peuples Amis.

TOME II. PREMIÉRE PARTIE.

AVANT-PROPOS.

OTRE premier Volume ayant été employé à préparer les ma-tiéres pour tout l'Ouvrage, en établissant les principes ; en-suite à examiner ce qui concerne la Sai-sie des Navires Neutres en général & en elle-même ; & enfin à discuter ces

A ij

queſtions préalables , ces objets eſſen-
tiels , dont la ſolution & l'intelligence
ſont indiſpenſables pour ſtatuer avec ſo-
lidité & avec préciſion ſur le fonds de
la choſe , ſur la juſtice ou l'injuſtice de
la Saiſie même de ces Navires : Nous
allons actuellement ſuivre dans cette premiére Partie du ſecond Tome , le ſort
légitime des Priſes Neutres , en traitant
*De ce qui eſt univerſellement juſte à leur
égard après la Saiſie* , ou après qu'elles auront été conduites en lieu de ſûreté
dans quelque Port.

Il eſt vrai que le Titre de ce Livre
n'annonce qu'un Traité ſur *la Saiſie* des
Bâtimens Neutres , & qu'ainſi il paroît
que nous devrions , à la rigueur , nous
en tenir à cet objet , ſans outrepaſſer les
bornes de notre promeſſe. Cependant
comme , ſuivant notre plan , nous nous
ſommes propoſé d'embraſſer toute cette
matiére , en la traitant à fonds & en
examinant tout ce qui eſt intimement lié
avec elle ; nous ne craignons pas qu'on
nous faſſe un crime d'avoir fait plus que
nous n'avions promis ; qu'on nous cherche une querelle frivole ſur l'inconſiſtance du Titre avec le Livre même ; ou
même , qu'on nous ſçache mauvais gré

d'avoir fait entrer dans nos vûes le fort ultérieur des Prifes Neutres après leur Saifie.

Pour remplir dûement & avec un certain ordre cet objet intéreffant, nous avons plufieurs confidérations à faire qui fe réduifent à ces quatre Chefs. Il eft à fçavoir :

1° Si, felon l'exacte équité, les procédures ufitées contre les Prifes Neutres, ne font point vicieufes ?

2° A qui il appartient de juger ces Prifes ?

3° De quelle façon leur Procès doit s'inftruire ? Et enfin

4° Dans quels cas elles, ou leurs Cargaifons, peuvent être confifquées ou rétenues, en tout ou en partie ?

C'eft-à-dire ; pour que le fort jufte & ultérieur des Prifes Neutres après leur Saifie, foit en général éclairci avec exactitude & comme il convient, il faut que nous les fuivions d'abord devant leurs Juges ; qu'enfuite nous faffions des réflexions bien fondées fur leurs Procès ; & qu'enfin nous établiffions des Régles fûres & équitables, tirées du Droit des Gens Univerfel, & ainfi appuyées fur la faine Raifon, au moyen defquelles on puisse connoître de leur absolution ou de leur condamnation.

En conformité de ce Plan, cette premiére Partie de notre second Volume sera partagée en *quatre* Chapitres.

Le PREMIER contiendra des Récherches générales sur le Juge Compétent des Prises Neutres, suivant les principes de la Justice Universelle :

Dans le SÉCOND, ces Récherches seront continuées & y conduiront à déterminer, quels sont les différens Juges Compétens de ces Prises, suivant la différence des lieux, où elles auront été conduites ;

Le TROISIÉME, aura pour objet leur Procès ; & enfin

Le QUATRIÉME, traitera, suivant les maximes inaltérables de la Législation commune à tous les Peuples, de la Déclaration de bonne prise à leur égard.

CHAPITRE I.

Du Juge Compétent des Prises Neutres.

S O M M A I R E.

§. I. Réflexions préliminaires. §. II. Principes. Digression sur la Jurisdiction Consulaire. §. III. Application & Modification des Principes. Etat de la question. §. IV. Incompétence des Tribunaux ordinaires, selon le Droit des Gens Primitif. §. V. Continuation. §. VI. Fin des Réflexions sur l'incompétence des Tribunaux ordinaires. §. VII. Objection. Réponse.

§. I.

Réflexions préliminaires.

ORIGINAIREMENT tous les hommes furent égaux. Néron & Epaphrodite, Epictéte & Domitien étoient deſtinés par la nature au même dégré de puiſſance & d'autorité ; c'eſt-à-dire, à n'en avoir aucune l'un ſur l'autre.

Le penchant naturel, les liens du ſang, la liberté, & peut-être les infirmités & les beſoins, firent naître la *Société* : L'utilité, la foibleſſe, la crainte, & peut-être l'oppreſſion & la méchanceté, formérent la *Société Civile*. Dèslors l'égalité des Conditions ceſſa : L'introduction de la Souveraineté devint indiſpenſable.

Durant l'enfance de l'Humanité, tandis que les Conducteurs des Nations naiſſantes ne régnoient que ſur des hommes, on ne connut de *Souveraineté* conſtante, que celle qui s'exerce *ſur les Perſonnes*. Des Peuplades peu nombreuſes, ſous un Chef paiſible & paternel, pour mener une vie errante, n'en menoient pas moins une vie heureuſe. La félicité n'eſt point obligée à réſidence dans les Palais ; elle fuit plutôt le faſte qui s'efforce en vain à l'y attirer : Souvent elle ſe plaît bien davantage dans les cabanes, ſous la toile, & même au bivouac.

Nos Péres habitérent ſucceſſivement

différens pays. La simplicité faisoit le caractére de leurs demeures comme celui de leurs mœurs ; mais il n'y avoit que celles-là qui fussent journaliéres. L'eau fraîche décida du choix de leur séjour ; l'abondance ou la rareté du pâturage, les besoins de leur bétail ou de leurs troupeaux qui étoient presque tous les leurs, en déterminérent souvent la durée. Le même jour qui vit arriver , vit quelquefois partir leurs maisons portatives. Pour lors les Patries étoient ambulantes ; aujourd'hui l'on sçait à peine qu'un Etat peut l'être.

Peu-à-peu les Peuples augmentérent en nombre. Les Caravanes plus nombreuses s'en transportérent plus difficilement. Leur marche devint plus embarassante , à mésure que la multitude des Citoyens Voyageurs & des nouveaux besoins, en doublérent les Equipages. L'Agriculture leur apprit à fertiliser les terres, & à leur faire réproduire , pour ainsi dire , malgré elles , tous les ans des richesses nouvelles. La difficulté de la Subsistance en fut levée. Après avoir semé , il falut attendre la récolte , & les Habitations devinrent insensiblement stables & permanentes.

A v

Alors les Peuples s'appropriérent de droit les contrées à leur convenance ; parce qu'avant eux elles n'appartenoient à personne. Les droits du pouvoir suprême s'accrurent chez eux par l'accession de la supériorité territoriale, devenue avec raison le partage de ceux qui se trouvoient revêtus du premier. On subjugua les Pays comme les Personnes ; & la *Souveraineté des Lieux* prit naissance.

§. II.

Principes. Digression sur la Jurisdiction Consulaire.

TELLE est l'origine de la Jurisdiction qui compéte aux Souverains sur les Villes, Bourgs, Fleuves, Ports, Havres, Bayes, Rades & Pays de leur domination ou, jusqu'à un certain point, sur les Mers qui en baignent les côtes.

La Souveraineté des Lieux étant ainsi une fois établie, il s'ensuit ; Que *chaque contrée, occupée par une Société Civile, donne à son Souverain le Droit d'y commander en dernier ressort, & que par conséquent les Etrangers qui en franchissent les limites, quoique Sujets d'une autre Puissance, doivent se soumettre, pour le temps de leur séjour, aux Loix & à la Jurisdiction de celle, à laquelle appartient la Souveraineté des Lieux.*

L'exemption des Ambassadeurs, ou autres Ministres publics & accrédités des Puissances Etrangéres, ne déroge point directement à cette régle générale. Leurs droits, priviléges, immunités & prérogatives, dérivent d'un autre principe dont les conséquences ne décident pas de l'objet de ce Chapitre. D'ailleurs on ne disconvient pas que la Soumission d'un Etranger aux Loix d'un Etat, ne soit moins complette que celle à laquelle sont obligés ses membres. Il faut toujours distinguer entre les devoirs d'un Citoyen, & ceux d'un simple Habitant d'un pays qui n'y fait qu'un séjour passager. Celui-là doit faire profession d'une fidélité ou d'un attachement que le Souverain ne peut pas raisonnablement prétendre de celui-ci. Le dernier mérite la protection de l'Autorité suprême & les Droits de l'hospitalité, dès qu'il respecte soigneusement ceux de la Société, de son Chef & de ses Membres. Mais, au reste, l'un & l'autre sont également soumis, quant à leurs perſonnes, & les biens qui les accompagnent, à la Juriſdiction civile & criminelle du Souverain des lieux.

Si les Particuliers qui entrent volontairement dans un Etat étranger, ſont tenus d'en réconnoître la puiſſance légiſlative & exécutrice, pour le temps qu'ils y reſtent, pour leurs perſonnes & pour les biens qu'ils y apportent; *il en réſulte que les Bâtimens Etrangers qui entrent de bon gré,* ou y étant obligés par une cauſe purement phyſique, *dans quelque port d'un tel Etat,* doivent ſe trouver dans le même cas par rapport à eux, leurs Cargaiſons & Équipages, durant le temps qu'ils y ſéjournent.

LA Juriſdiction Conſulaire que s'accordent mutuellement de nos jours pluſieurs Puiſſances Maritimes & Commerçantes, & en vertu de laquelle leurs Conſuls qui réſident dans les Ports étrangers, peuvent connoître des différends qui s'élévent, touchant le Commerce ou la Navigation, entre les Négocians, les Capitaines ou Patrons, & les Equipages des Navires Marchands de leurs Nations reſpectives; cette Juriſdiction, dis-je , n'eſt point fondée immédiatement ſur la Loi univerſelle de tous les Peuples. Elle eſt du nombre des Droits enfantés par le Droit des Gens Conventionnel ; c'eſt-à-dire , fondée ſur les Traités de Paix ou de Commerce qui ſubſiſtent entre les Puiſſances dont les Conſuls l'exercent ; & ces Puiſſances ont été engagées à ſe l'accorder réciproquement par un intérêt mutuel , bien plus conſi-dérable aujourd'hui que par le paſſé , ſça-voir , celui du Commerce , & ſur-tout du Commerce extérieur & maritime dont elle facilite beaucoup les opérations. Car non-ſeulement elle inſpire de la confiance aux Négocians & Navigateurs étrangers; mais elle léve encore pluſieurs obſtacles qui pour-roient mettre des entraves à leurs traites.

Quoi qu'il en ſoit , comme nous trai-tons ici de notre matiére, ſuivant les Loix du Code commun à toutes les Socié-tés Civiles, l'établiſſement de la Juriſ-diction Conſulaire en queſtion ne ſçaura détruire le principe général que nous ve-nons d'établir. Cette inſtitution moder-ne , étant l'ouvrage de la Négociation , ne dérive point directement , comme il a déja été obſervé , du Droit des Gens

Primitif; quoiqu'elle foit d'ailleurs également jufte & bien entendue.

C'eft par cette raifon que les priviléges des Confuls étrangers par rapport à leur Droit de juger, ne font ni univerfels, ni par-tout uniformes. Il y a des Pays où ce Droit embraffe plufieurs objets très-importans & où ces Confuls en jouiffent d'une maniére affez ample; & il y en a d'autres où leur Jurifdiction eft fort refferrée, reftreinte à peu de chofe, & où tout leur miniftére fe borne prefqu'aux feules opérations mercantiles.

Toute cette différence provient de l'arbitraire de l'inftitution même, & par conféquent des intérêts ou de la volonté des Puiffances contractantes, dont les Confuls ont un pouvoir plus ou moins grand, fuivant que ces Puiffances ont jugé à propos de lui donner plus ou moins d'étendue par les Traités; fans lefquels ils n'en auroient aucun de cette efpéce.

Ainfi, par exemple, la Jurifdiction la plus confidérable dont jouiffent des Confuls étrangers, c'eft celle qu'exercent ceux de quelques Puiffances Euro-

péennes (*) dans les Echelles du Le-
vant, ou dans les Ports de la domination Ottomanne ; en vertu des Capitu-

---

(*) Suivant les Capitulations de la France
avec la Porte, cette premiére Puiſſance con-
ſerve preſqu'en entier ſa Juriſdiction ſur ſes
Sujets & leurs biens dans les ports de la ſécon-
de. Les Conſuls de cette Couronne y jugent,
chacun dans ſon Echelle, ſans appel juſqu'à
la concurrence de cinq cens livres tournois,
pour leſquelles ils peuvent décerner contrainte
par corps. Ils y décident même ſans appel du
criminel juſqu'aux peines afflictives excluſivement. Quand le principal du procès excéde
les cinq cens francs, alors les Parties peuvent
appeller aux Tribunaux de la Métropole, où
les Conſuls doivent auſſi renvoyer les Criminels, quand il eſt queſtion de les flétrir ou de
les punir de mort. Ainſi ils peuvent les faire
arrêter & les faire mettre aux fers. Quand les
Sujets de la Porte font Partie du Procès, les
Conſuls ne doivent pas en connoître ſeuls.
Cependant s'ils trouvent que leurs Nationaux
ont tort, ils peuvent leur enjoindre de donner ſatisfaction aux Muſulmans ; non pas juridiquement, mais par forme d'ordonnance.
Quelquefois ces derniers ſe ſoumettent eux-
mêmes à la déciſion des Conſuls, aimant mieux
d'être jugés par eux que par leur propre *Cadi*,
auquel il faut qu'ils payent dix pour cent de
la valeur de la conteſtation, ſoit qu'ils gagnent
ou qu'ils perdent, qu'ils ayent tort ou raiſon.

lations arrêtées avec la Porte : Au lieu que la Jurifdiction de ces mêmes Confuls dans les Ports de la Grande-Brétagne eft prefque nulle, & fe réduit, en bien confidérant la chofe, à un fimple arbitrage.

La caufe de cette grande différence gît *dans l'état du Commerce & de la Navigation, dans la forme de l'adminiftration, & enfin dans la nature du Gouvernement, des deux Empires.*

La Marine Marchande des Mufulmans étant en fort mauvais état, ils font obligés, pour avoir un Commerce Maritime, à accorder des priviléges confidérables aux Navigateurs Etrangers ; afin de les attirer chez eux, ne pouvant pas fe paffer de leur miniftére. La Marine des Anglois au contraire, foit Marchande ou Guerriére, fe trouve dans un état très-floriffant ; ils font bien-aife de faire leur Commerce par eux-mêmes, & la vafte étendue de leur Navigation les met prefqu'à même d'y fuffire : De forte que bien loin de vouloir encourager les Navires étrangers à fréquenter leurs ports, en accordant des prérogatives utiles ou flatteufes à leurs Confuls ; ils font encore fâchés de devoir y admettre des Bâtimens qui ne font pas les leurs, & dont ils voudroient pouvoir fe paffer tout-à-fait. L'Acte de Navigation & toute la conduite intelligente de cette Nation, dans la partie de fon Commerce, font voir combien ces réflexions font vraies. Les Loix & les actions de la Grande-Brétagne expliquent fa Politique, & décélent jufqu'à fes défirs.

La conduite tirannique des Pafchas, ou des Gouverneurs des Provinces chez les Turcs, & les avanies qui en réfultent continuellement dans le Commerce, effrayent & effarouchent les Commerçans ou Navigateurs étrangers qui n'auroient aucune confiance dans leurs traites, fi l'exemption de la Jurifdiction arbitraire de ces Gouverneurs ne les raffuroit jufqu'à un certain point. La Légiflation & Adminiftration Angloifes en révanche, quelque défectueufes qu'elles foient d'ailleurs, font excellentes à l'égard de tout ce qui concerne le Commerce. Nonobftant la grande confufion qui régne dans les Loix Civiles en Angleterre, & les chicanes innombrables qui y hériffent les procès, la Juftice s'y adminiftre avec beaucoup d'exactitude par rapport aux affaires qui regardent cet

objet important & favori de la Nation.
Il eſt donc bien moins néceſſaire que les
Conſuls étrangers y aient une certaine
Juriſdiction marquée.

Enfin le Grand Seigneur, Maître ab-
ſolu de ſon Empire, & ſeul Légiſlateur
dans toute l'étendue de ſes Etats immen-
ſes, peut tranſporter, ſuivant ſon bon
plaiſir, à quiconque il veut & de la
façon dont il lui plaît, l'adminiſtration
de la Juſtice. L'exécution des Capitulations ou des Conventions qu'il a ag-
gréées, & par leſquelles la Juriſdiction
des Conſuls étrangers ſe trouve ſtipulée,
établie & déterminée, ne ſouffre aucun
obſtacle; fût-elle encore beaucoup plus
ample & plus importante. Ce Prince n'a
qu'à dire, il faut que tout plie devant
lui. Il en eſt bien autrement dans la
Grande Brétagne. Le Droit de faire des
Traités & le pouvoir légiſlatif n'y réſident pas abſolument dans la même perſonne. Le premier compéte au Roi ſeul;
mais il partage le ſécond avec le Corps
de la Nation, repréſenté par le Parlement. D'ailleurs la puiſſance exécutrice
n'appartient pas ſeulement à Sa Majeſté
Britannique au point, qu'Elle puiſſe la
faire exercer par quiconque Elle trouve

bon, quand même les Sujets choifis n'e-
xécuteroient que les Loix de la Nation :
Encore moins pourra-t-Elle donc créer
des Juges étrangers dans le fein de fes
Etats qui prendroient pour bafe de leurs
Sentences la Légiflation pofitive d'un
autre Peuple. Ainfi le Gouvernement
de l'Angleterre ne fçaura accorder une
certaine Jurifdiction aux Confuls étrangers par aucun Traité ; à moins que les
deux Chambres du Parlement n'y don-
naffent les mains. Or, cet augufte Corps,
fort éclairé pour l'ordinaire fur les intérêts nationaux, n'aura garde d'y confen-
tir. Plufieurs raifons doivent l'en diffua-
der ; & il n'y en a prefqu'aucune qui
doive l'y porter. Mais il eft temps de revenir à notre fujet.

§. III.

Application & Modification des
Principes. Etat de la Queftion.

Si les Navires d'une Nation
qui entrent dans les Ports d'un autre
Etat, font obligés à y réconnoître la
Jurifdiction du Souverain des Lieux ; il
s'enfuit : *Que les Bâtimens Neutres qui*
entrent volontairement dans les ports des

Puiſſances Belligérantes , qui y ſont pouſſés par la tempête , ou qui ſont obligés à y relâcher par les vents contraires, pour faire leurs affaires , ou bien pour ſe ſouſtraire aux dangers qui les ménaçoient en Mer , que ces Bâtimens doivent également s'y ſoumettre à la Juriſdiction de ces Puiſſances.

Cette régle générale ne ſouffre pas la moindre difficulté. Un Souverain, pour être Belligérant, n'en perd aucun de ſes Droits, & il n'en eſt pas moins Juge Compétent de tous ceux qui démeurent ou qui ſéjournent volontairement dans les Lieux de ſa domination. Mais comme il ne s'agit pas ici d'examiner, quel eſt le Juge Compétent des Bâtimens Neutres qui naviguent librement & qui entrent d'eux - mêmes dans quelque port d'un Etat Belligérant ? On ſent bien que cette régle n'eſt plus aucunement applicable à l'objet de nos récherches qui ſe réduiſent à ſçavoir : *A qui il appartient de juger les Bâtimens Neutres qui ont été ſaiſis par les Vaiſſeaux armés des Parties Belligérantes , & conduits malgré eux dans quelque port , comme ayant violé les Loix de la Neutralité & encouru par-là la confiscation ou le*

reſſentiment de la Puiſſance offenſée &
ſaiſſante ? C'eſt à cette queſtion que
nous allons répondre, en prenant pour
baſe les principes du Code de l'Humanité & celui des Nations Souveraines.

§. IV.

Incompétence des Tribunaux ordi-naires, ſelon le Droit des Gens Primitif.

C'E S T une choſe fort ſinguliére que
la maniére dont on juge de nos jours les
Bâtimens Neutres, ſaiſis par les Vaiſſeaux de Guerre ou Armateurs des Parties Belligérantes. Rien n'eſt plus équivoque, ni même plus mal-fondé, que
la Compétence des Juges ou des Tribunaux, nommés pour décider du ſort de
ces Navires. Cette Compétence, établie d'abord par des ſimples Ordonnances ou Loix Civiles, & ainſi purement
arbitraires, n'eſt fondée que ſur la ſeule
Coûtume ; & cette Coûtume eſt encore
une de celles qui heurtent de front *les*
premiers principes du Droit des Gens &
ceux de toute adminiſtration de Juſtice.
En voici les preuves.

C'eſt ſans contredit un des premiers principes du Droit des Gens : *Qu'une Nation Souveraine n'eſt jamais ſujette à la Juriſdiction d'une Puiſſance étrangére, dans les lieux de ſa propre domination ou dans ceux qui n'appartiennent à perſonne :* puiſque ſans cela elle ne ſeroit point Souveraine ; ce qui implique une contradiction manifeſte. Or, ſi cela eſt, il s'enſuit : *Que la Coûtume* où l'on eſt, *de faire juger par ſes propres & ſeuls Tribunaux les Bâtimens Neutres, arrêtés par les Vaiſſeaux Belligérans & conduits forcément dans leurs ports, eſt contraire aux principes du Droit des Gens Univerſel; & que,* par conſéquent, *ces Tribunaux ne ſont point Compétens ſuivant ce Droit.* C'eſt ce qui devient manifeſte ſi l'on conſidére;

1° Que ces Navires ayant été contraints à changer de cours, & conduits malgré eux là où ils ſont, ne peuvent pas être cenſés ſe ſoumettre *volontairement* à la Juriſdiction de la Puiſſance ſaiſiſſante, ce qui eſt pourtant néceſſaire pour faire naître en eux une obligation interne & primitive d'acquieſcer à ſes jugemens.

2° Le chef d'accuſation, ou l'objet

du procès qu'on leur forme, étant une conduite ou une action qui s'est passée hors de la sphére de la Jurisdiction, non-seulement de ces Tribunaux, mais encore de l'Etat même qui les établit, on ne voit pas en vertu de quoi ces Tribunaux pourront en connoître seuls, & sans la concurrence ou participation du Souverain & Juge naturel de ces Navires. N'est-ce pas-là empiéter visiblement sur les Droits de ce dernier, vouloir assujettir des Peuples indépendans à ses Loix, & étendre sa Jurisdiction au-delà de ses bornes ?

3°. Avant que de pouvoir seulement instruire le procès des Bâtimens Neutres, il est à sçavoir : *S'ils ont été légitimement saisis ?* Et comment un Tribunal purément civil prétend-il en décider ? En supposant, comme on le peut le plus souvent, que la Saisie a été faite dans des parages qui ne sont point de la dépendance de la Puissance saisissante, cette question, même préliminaire à la procédure, regarde déja un fait dont il n'appartient pas à cette Puissance de connoître seule ; parce qu'il a été entrepris dans des lieux où elle n'avoit aucun ordre à donner aux Sujets d'un autre

Etat libre & indépendant d'elle. La question est uniquement du ressort du Code des Nations Souveraines, & nullement de celui d'aucun Tribunal civil, ou de la législation d'aucun Peuple en particulier : D'où il résulte que c'est agir contre les principes de ce Code que d'en souftraire la décision à ses Arrêts, en l'évoquant à une Jurisdiction particuliére & la soumettant aux Ordonnances civiles & arbitraires d'un Etat intéressé.

Il seroit superflu d'alléguer d'autres preuves de l'incompétence des Tribunaux ordinaires que l'on établit pour juger les Bâtimens Neutres, pour cause d'infraction de la Neutralité. Ce que nous venons d'avancer, peut suffire pour prouver que les prétentions de ces Cours de Justice à cet égard, sont contraires aux maximes du Droit des Gens Universel & seul obligatoire par lui-même. On soupçonne ou accuse un Navire Neutre d'avoir enfraint les Loix de son Etat ; le prétendu délit a eu lieu hors de la Jurisdiction du soupçonnant ; pour surcroît d'obstacle, le soupçonné se trouve encore dans des parages qui sont dans le même cas : Néanmoins on arrête ce Navire avec violence ; on le conduit forcément

cément dans un port étranger ; on en
traîne l'Equipage devant des Juges qui
ne font pas les fiens ; on le rend jufti-
ciable devant un Confeil de Prifes, ou
devant une Cour d'Amirauté, compofée de Perfonnes ou de Juges dont les
difpofitions lui font & peuvent raifon-
nablement être fufpectes, dont la Légiflation lui eft fouvent inconnue, &
dont enfin il ne réconnoît, ni ne doit réconnoître, l'autorité ; parce qu'elle vient
d'un Souverain dont la puiffance légiflative & exécutrice font nulles à fon égard,
ou du moins furent telles lors de fa faifie.
On n'a pas befoin d'être ni Jurifconful-
te, ni homme d'Etat, pour s'apperce-
voir de l'irrégularité de cette conduite,
& pour fentir qu'elle n'eft rien moins que
conforme aux principes invariables de
l'équité, & aux Arrêts juftes & conftans
de la Légiflation univerfelle des Peuples.

Il eft vrai que nous avons démontré
dans les paragraphes précédens, qu'en
général tous les Bâtimens étrangers, &
en particulier les Navires Neutres qui
entrent dans les ports d'une Puiffance
Belligérante, doivent réconnoître la Jurifdiction du Souverain des Lieux pour
le temps qu'ils y reftent : Mais cette

régle , quelque jufte & indubitable qu'elle foit d'ailleurs , ne peut & ne doit s'entendre que de ces Bâtimens Neutres qui relâchent volontairement dans lefdits ports , & qui par conféquent peuvent être cenfés fe foumettre aux inftitutions juridiques du Maître des Lieux, & non pas de ceux qui y font traînés par la force. Leur feule préfence involontaire dans un Etat étranger , peut d'autant moins les affujettir aux Loix pofitives , ou aux arrangemens légiflatoires de cet Etat , que la légitimité de la caufe d'icelle ; c'eft-à-dire, de leur Saifie , eft encore douteufe & ne fçaura être décidée que par les oracles du Droit des Gens.

§. V.

Continuation.

Il nous reste à prouver que les Tribunaux ou Juges ordinaires , nommés pour juger les Bâtimens Neutres qui ont été faifis pour caufe de violation de la Neutralité, font incompétens; *parce que leur Jurifdiction eft contraire aux principes de toute adminiftration de Juftice.*

C'eft une maxime fondementale & inconteftable pour toute Jurifdiction bien entendue, *Que celui qui prétend prononcer juridiquement sur une affaire*, & ainsi tout distributeur civil de la Justice, *ne doit jamais être en même temps Juge & Partie.* Ce principe est si bien reconnu, reçu & pratiqué chez tous les Peuples qui ont une Législation intelligente & raisonnable, qu'il y a des Etats où, comme en Danemarc & en France, quand il s'agit de juger un procès, on suspend les suffrages des membres du Tribunal qui se trouvent à un certain dégré être Parens de l'une ou l'autre Partie ; quoique l'expérience nous apprenne que le parentage n'est pas toujours une source de faveur, & qu'ainsi on ne puisse pas toujours dire, qu'on juge sa propre cause en jugéant celle de ses parens. Ici en France on pousse si loin la délicatesse sur ce point, que l'on observe soigneusement ladite régle, quand même il n'est question que d'une simple cérémonie dans les Tribunaux, & surtout dans les Cours Souveraines. Ainsi quand, à la réception d'un nouveau Duc & Pair au Parlement de Paris, M. le Premier Président prend, pour la forme, les avis de tous les Conseillers sur la question : Si le Candidat doit être reçu ou non ? Ce Magiſtrat exclud expreſſément & nommément du nombre des opinans ceux d'entr'eux qui ſont parens du Récipiendaire ; quoique tout cet Acte ne ſoit au fonds qu'un compoſé de formalités. (*)

Il eſt donc conſtant que quiconque s'érige en Juge dans ſa propre cauſe, agit d'une maniére diamétralement oppoſée aux principes de toute Juriſdiction réfléchie, & que par conſéquent il ſe met dans le cas de l'incompétence. Or, ſi cela eſt, les Tribunaux ordinaires, établis pour juger les Navires Neutres, arrêtés par les Vaiſſeaux Belligérans, ſont ſûrement incompétens ; parce qu'on ne ſçaura diſconvenir qu'ils ne ſoient décidément & en même temps Juges & Parties. C'eſt le même Etat qui auto-

---

(*) La réception des Ducs & Pairs qui ſe fait avec un certain apprêt à la Grand'Chambre, toutes les Chambres aſſemblées, n'eſt en effet qu'une pure cérémonie. C'eſt uniquement pour la forme que l'on y va aux opinions à cette occaſion ; la Cour ayant déja délibéré d'avance ſur tout ce qu'il convient de faire, & arrêté au préalable juſqu'à la moindre démarche qu'on fera à la Cérémonie.

rife les Vaiffeaux de Guerre ou Armateurs à faifir ces Bâtimens , qui inftitue
ces Tribunaux pour les juger : C'eft-à-
dire , c'eft le bras droit qui frappe , &
le bras gauche qui eft nommé pour décider de la légitimité du coup. On fent
aifément à quoi doit s'attendre celui qui
l'a reçu , & jufqu'où les Navires Neutres peuvent être à leur aife vis-à-vis
d'une telle procédure. Il eft vrai qu'on
leur donne des Défenfeurs , & que les
Capitaines Preneurs jouent le rôle de
Démandeurs : Mais qui ne voit pas que
tout cela n'eft qu'un jeu qui n'aboûtit
qu'à une pure formalité ? Le vice effentiel & intrinféque de cette Jurifdiction
n'en fufibfte pas moins , elle péche toujours par les principes ; & l'incompétence qui en réfulte , faute aux yeux.

Pour la mettre dans tout fon jour ,
nous n'avons pas befoin de révoquer en
doute l'équité des Juges. Il n'eft pas néceffaire pour cela de charger l'intégrité
de perfonne d'aucun foupçon. Il fuffit
d'obferver que lefdits Tribunaux font
obligés à prononcer conformément aux
Ordonnances des Courfes ou à d'autres
Déclarations de leur Souverain , &
qu'ainfi ils doivent prendre pour guide

ou pour bafe de leurs Sentences, la Légiflation particuliére de leur Patrie. Cette
feule circonftance prouve déja évidemment qu'ils font en même temps Juges
& Parties ; & il n'en faut pas davantage pour déroger à leur Compétence.

Les formalités auxquelles ils s'aftrei-
gnent, n'empêchent pas qu'il n'en foit
ainfi ; elles ne rémédient point à cet
inconvénient effentiel qui les vicie ; &
elles ne peuvent en impofer à perfonne,
pour peu qu'on fçache articuler les élé-
mens de la Jurifprudence univerfelle.

Les Ordonnances des Courfes & les
autres Déclarations des Puiffances Belligérantes concernant les Prifes maritimes,
font toujours des Loix Civiles, & toutes les Loix Civiles font faites pour l'a-
vantage de la Société qui les reçoit.
Elles doivent même l'être, fans qu'elles
ayent befoin de tenir aucun compte des
intérêts des autres Peuples, quand ils
font en oppofition avec ceux de cette
Société. Les Légiflateurs ne fe dépar-
tiffent jamais de propos délibéré de ce
principe, non moins néceffaire que
bien entendu. Etant ftrictement obligés
à avancer la profpérité de leurs Sujets
préférablement aux Nations étrangéres,

ils manqueroient à leurs devoirs les plus
facrés, s'ils le perdoient de vûe dans
leur Légiflation. D'ailleurs rien ne doit
les y engager, cette maxime fondamentale étant jufte & raifonnable en elle-
même. Mais par la même raifon que
les Loix Civiles & Pofitives, & par
conféquent les Ordonnances qui fe rapportent aux captures maritimes, font &
doivent être avantageufes aux Citoyens
& aux Preneurs, elles ne peuvent pas
manquer d'être défavantageufes aux
Etrangers & aux Prifes; ce qui forme
un nouveau Grief contre les Tribunaux
en queftion, & achéve d'autorifer les
Navires Neutres à réclamer contre la
Compétence de leur Jurifdiction.

§. VI.

Fin des Réflexions fur l'incompé-tence des Tribunaux ordinaires.

IL N'EST pas à préfumer que l'on
oppofera aux raifons alléguées des argumens fupérieurs & capables d'en invalider la force : De forte que nous croyons
l'incompétence des Tribunaux qui jugent
de nos jours les Prifes maritimes & Neutres, bien & fuffifamment conftatée,

ſuivant les principes du Droit des Gens
Univerſel. Et en effet, rien ne paroît
plus contraire aux Droits communs à
tous les Peuples, que de voir un Etat Belligérant établir des Tribunaux, pour examiner & décider, ſelon ſes propres Loix,
tous les cas des Priſes, faites ſur les Nations libres & amies, & pour adminiſ-
trer ainſi, de ſon autorité privée, la
juſtice à ceux qui relévent d'une Puiſſance étrangére.

L'excuſe « que le Souverain & le Gou-
» vernement d'un tel Etat ont les mains
» liées, qu'ils ne peuvent pas, ni chan-
» ger ces arrangemens, ni ſe départir de
» la Coûtume introduite à cet égard,
» & fondée ſur la Conſtitution de l'Etat
» même » eſt peu ſatisfaiſante. Un Peuple Souverain n'a pas beſoin d'entrer
dans le détail de l'Economie politique
ou légiſlatoire des autres Peuples. Il
eſt toujours en droit de s'en tenir à
leur égard à ce qui eſt univerſellement
juſte, & d'en demander autant de leur
côté. Si la Conſtitution d'un Etat eſt
vicieuſe, ſi elle autoriſe des inſtitutions
oppoſées aux Loix inaltérables des Sociétés Souveraines, promulguées par la
Raiſon; c'eſt à lui de la corriger, &

non pas aux Nations étrangéres à en souffrir. Aucune Conſtitution particuliére ne doit empêcher un Peuple d'être équitable envers ceux qui vivent avec lui dans l'état de nature, & qui par conſéquent ſont ſes égaux. Rien ne peut le diſpenſer de ce devoir ſacré. S'il le néglige, s'il empiéte ſur les Droits des autres ; ceux-ci ſont ſans doute autoriſés à en faire autant à ſon égard : ce qui rendroit tous les Droits des Peuples précaires, tendroit au bouleverſement total des Loix des Nations, & plongeroit la grande Société Humaine dans une Guerre de tous contre tous dont l'obſervation de ces Loix ſalutaires la garantit.

Au reſte, une Nation ſenſée n'adopte jamais une Conſtitution ou des Loix fondamentales qui pourroient la conduire à des extrémités fâcheuſes, & qui ſont incompatibles avec le Droit des Gens Univerſel. Les autres Nations ne l'en ſuppoſent pas ſeulement capable ; & elles raiſonnent & agiſſent, par rapport à elle, en conſéquence de cette ſuppoſition néceſſaire & raiſonnable. Si, en tout cas, elle étoit tombée dans une ſi grande mépriſe, en poſant les fondémens même de ſon Gouvernement ; c'eſt à elle d'y remédier, & de se mettre à même de pouvoir être juste envers tout le monde.

On aura beau alléguer tout ce que l'on voudra, pour concilier la Jurisdiction en question avec le Code primitif des Nations Souveraines. Il n'y a pas d'apparence que l'on y parvienne. On pourra toujours demander ; à quel titre un Gouvernement s'arroge-t-il le Droit d'exercer une sorte de Jurisdiction sur des Souverains Neutres ? En vertu de quoi, prétend-il connoître seul & exclusivement des affaires qui concernent les Navires apparténans aux Sujets d'une Puissance amie & étrangére, arrêtés dans des lieux qui ne sont point de sa domination, & où ces Navires avoient autant de Droit que lui & les siens ?

Les Etats Belligérans ne sont pas plus autorisés à en agir de même, que les Souverains Neutres ne le sont à renvoyer ou à évoquer ces sortes d'affaires à la décision exclusive de leurs Tribunaux & de leurs Loix. Comme la Souveraineté & l'indépendance qui leur compéte également, les fait jouir tous des mêmes droits & des mêmes prérogatives, il n'y auoit rien à dire, si les Etats Neutres

commettoient de leur côté à leurs propres Tribunaux l'examen des Griefs de
leurs Sujets, fans avoir aucun égard
aux Arrêts portés par les Cours de Juftice ou d'Amirauté des Etats Belligérans. Mais pour lors, la Légiflation des
premiers étant favorable auxdits Sujets,
les Sentences prononcées de part & d'autre, toujours également incompétentes,
ne manqueroient point d'être quelquefois
oppofées, & le plus fouvent au moins différentes ; ce qui aboûtiroit à des querelles entre les Puiffances mêmes, & fini-
roit peut-être par des voies de fait. Tels
font les fruits des Ufages reçus parmi les
Peuples, quand ils font mal-fondés &
mal entendus.

§. VII.

Objection. Réponfe.

TOUT ce que l'on peut dire en faveur de celui dont nous croyons avoir
prouvé la difconvénance d'avec les Loix
immuables des Nations, c'eft que la Jurifdiction qui s'exerce en conféquence,
paroît aujourd'hui confirmée, & ainfi
cet Ufage ratifié, par le confentement
unanime, quoique *tacite*, des Puiffances

Maritimes. « A quoi bon , *dira-t-on
» peut-être* , combattre la Compétence
» de cette Jurisdiction ; puisque les Gou-
» vernemens modernes s'en accommo-
» dent , & qu'ils font entendre par
» leur Silence même qu'ils s'y soumet-
» tent réciproquement ? Un Usage fondé
» sur le consentement des Peuples de-
» vient une Loi pour eux , une Loi des
» Nations ; & les Nations Souveraines
» font bien les Maîtresses de renoncer
» à leurs Droits , quand elles le jugent
» à propos.

Je réponds d'abord , qu'*il est toujours
bon de combattre les erreurs* , sur-tout
celles *qui se glissent dans le Code Universel des Puissances Souveraines* , sous
quelque masque qu'elles puissent se dé-
guiser , soit sous celui de la Justice ou
de la force. Elles font d'une trop grande
conséquence pour l'Humanité , pour que
l'on doive les négliger. D'ailleurs celle
dont il s'agit ici , paroît par préférence
propre à devenir une source intarissable
de querelles & de contestations entre
les Souverains , principalement depuis
que le Commerce & la Navigation font
devenus les Nourrissons favoris de presque tous les Gouvernemens : De sorte

qu'il feroit fort à fouhaiter que les Péres
des Peuples remédiaffent à un abus dont
les fuites ménacent continuellement ceux
qui fe font confiés à leurs foins , &
qu'ils convinffent entr'eux, par des Traités formels & conformes aux principes
du Droit des Gens Univerfel , de quelle
façon doivent être jugés les Bâtimens
Neutres , arrêtés pour caufe de violation de la Neutralité.

Il n'eft point prouvé *que les Gouver-*
nemens modernes & Neutres s'accommo-
dent généralement *de la Jurifdiction* ex-
clufive & prefque arbitraire , *que les*
Parties Belligérantes exercent fur leurs
Sujets & leurs Navires , ni que ces Gou-
vernemens foient reftés dans le Silence
à cet égard. Bien loin de-là : nous avons
vû au contraire , des Puiffances Neutres
contefter aux Confeils ou Tribunaux des
Prifes de celles qui font en Guerre ,
non-feulement la légitimité de leur procédure & l'équité de leurs Sentences ;
(car cela fe voit encore tous les jours :)
mais même la Compétence de leur Jurifdiction.

Ainfi dans la difpute qui s'éléva entre
les Cours de Londres & de Berlin, durant la derniére Guerre qui précéda la

féconde paix faite à Aix-la-Chapelle, au fujet de plufieurs Navires Pruffiens, arrêtés par des Corfaires Anglois depuis 1745 jufqu'en 1748, & détenus dans les Ports de l'Angleterre, le Roi de Pruffe, aujourd'hui régnant, contefta formellement aux Tribunaux Anglois le droit de juger ces Navires, & s'oppofa fortement à leur Compétence à cet égard; comme il confle par les Mémoires & les Déclarations qui ont été préfentés de part & d'autre dans cette affaire, & enfin par l'*Expofition des motifs qui ont déterminé le Roi de Pruffe à la conduite qu'il tint alors vis-à-vis de l'Angleterre.* (*) Ce Monarque fit plus : il nomma à fon tour des Commiffaires, pour examiner les Griefs de fes Sujets, felon les Loix du Droit des Gens univerfellement reçu, & ces Commiffaires jugérent plus favorablement lefdits Navires qu'ils ne l'avoient été au-delà de la Mer ; enfuite de quoi, Sa Majefté Pruffienne en dédommagea les Proprié-

---

(* *Voyez* ce·te Brochure qui eft une efpéce de Manifefte ou de Mémoire juftificatif, imprimé à la Haye en 1752, page 20 & 21.

taires de leurs pertes fur les capitaux, hypothéqués fur la Siléfie, & qu'Elle avoit promis de rembourfer aux Sujets de la Grande-Brétagne, en vertu des Traités de Paix de Breflau & de Drefde.

Ce feul exemple peut fuffire, parmi plufieurs autres qu'on pourroit alléguer; parce qu'il prouve déja fuffifamment que le Silence de tous les Gouvernemens modernes, au fujet de la Jurifdiction en queftion, n'eft point réel, ni le prétendu confentement tacite de ces mêmes Gouvernemens, *unanime*. Et quand il le feroit! Cette unanimité ne pourroit pourtant jamais s'entendre que des Puiffances Européennes. Les Nations qui habitent ou habiteront les autres contrées de la terre, n'en feroient pas moins en droit de s'en tenir à cet égard, à ce qu'arrête le Code primitif des Peuples.

Il eft vrai *qu'un Ufage, fondé fur le confentement des Nations, devient, dans un certain fens, une Loi pour ces mêmes Nations;* pourvû que cet Ufage ne foit point abfolument injufte en luimême, ni contraire aux Conventions pofitives & expreffes de leurs Souverains refpectifs. Mais cette Loi, fi ç'en eft une proprement dite, outre que fon

effet eſt fort borné, eſt & demeure toujours extrêmement *précaire*. D'abord
elle ne regarde & ne peut regarder que
les conſentans, ſans obliger aucunément
les autres Peuples ; & au reſte, elle
tient de la nature de toutes celles qui
compoſent le Droit des Gens Coûtumier.

Les régles qui font parties de ce Code
poſtiche des Sociétés Souveraines, &
qui ne ſont fondés que ſur un conſentement tacite des Nations, ne ſont & ne
peuvent être obligatoires qu'autant que
ces Nations gardent le ſilence ſur leur
ſujet, & juſqu'à ce qu'elles déclarent
qu'elles ne veulent plus être tenues de
s'y conformer. La ſuppoſition du conſentement, ou le conſentement tacite
des Peuples fait ſeule naître les précep-
tes du Droit des Gens Coûtumier ; la
déclaration expreſſe du contraire de leur
part, anéantit l'obligation qu'ils empor-
toient : Pourvû qu'un Etat qui s'en af-
franchit par ce moyen, trouve bon que
les autres Etats en faſſent autant vis-à-
vis de lui, en n'obſervant pas non plus
ces Loix précaires à ſon égard. Ainſi,
quoi que l'on puiſſe dire en faveur des
Coûtumes, dans toute l'étendue du reſ-

fort de la Jurisprudence des Nations indépendantes , dès qu'un Souverain Neutre qui n'a point les mains liées par des
Traités formels , déclare expressément
qu'il n'entend plus que ses Sujets ou
leurs Navires , saisis en pleine Mer ,
soient jugés par les seuls Tribunaux des
Puissances Belligérantes , la Compétence
de ces Tribunaux devient nulle relati-
vement à ces objets , quelque ancien que
soit l'Usage qui l'établit : A condition
que ce Souverain tombera d'accord &
ne se plaindra pas , si lesdites Puissances
en agissent de même à leur tour , par
rapport à ses Conseils des Prises , Cours
de Justice ou d'Amirauté , quand il sera
Belligérant.

*Les Nations Souveraines sont sans
doute les Maîtresses de renoncer à leurs
Droits ;* & par conséquent les Etats
Neutres peuvent , sans contredit , accorder aux Belligérans , s'ils le croyent à
propos , celui de juger leurs Navires ,
de quelque façon & pour quelque objet
qu'ils se trouvent saisis. Mais il est bien
différent d'obtenir de quelqu'un la cession
d'un de ses Droits , & de prétendre
que ce Droit nous appartient déja en
vertu d'un simple Usage.

On fent bien que nous ne combattons point la compétence des Tribunaux de ces Puiffances Belligérantes qui font juger les Prifes Neutres en queftion, en vertu des Traités. Si un Etat Neutre en a cédé le Droit, par une Convention expreffe, à un Peuple Belligérant, les Tribunaux de ce dernier en deviennent fûrement Compétens. Le Droit des Gens *Conventionnel* confirme quelquefois les maximes qui n'étoient d'abord que du reffort de celui que nous appellons *Coûtumier* ; quelquefois il déroge même aux Arrêts du Droit des Gens *Univerfel*, en les modifiant. Mais comme des Conventions expreffes de la nature fufdite, n'exiftent point, ou, fi elles exiftent, ne regardent que quelques Etats en particulier, toute cette objeQtion ne forme tout au plus qu'une exception, fans invalider aucunement le fonds de notre fentiment. La régle eft auffi inconteftable que généralement reçue, *que les articles des Traités*, comme ceux de tous les Contrats, *n'obligent que les Parties ContraQtantes.*

CHAPITRE II.

SUITE DES RECHERCHES SUR LE JUGE COMPÉTENT DES PRISES NEUTRES, SELON LES PRINCIPES DU DROIT DES GENS UNIVERSEL.

SOMMAIRE.

§. I. *Du Juge Compétent des Prises Neutres en général.* §. II. *Difficulté. Moyen de la lever.* §. III. *Avantages de la Jurisdiction projettée.* §. IV. *Observation.* §. V. *Quels sont les Juges Compétens des Prises Neutres, conduites dans leurs propres Ports ?* §. VI. *A qui c'est de juger les Navires Neutres, menés dans les ports des Preneurs ?* §. VII. *Du Juge Compétent d'une Prise Neutre, conduite dans un port apparténant à l'Ennemi du Saisissant.* §. VIII. *Qui est le Juge Compétent des Prises Neutres,*

conduites dans un port, appar-
ténant à une troisiéme Puissan-
ce , également Neutre. §. IX.
Réflexions sur le contenu du pa-
ragraphe précédent.

§. I.

Du Juge Compétent des Prises Neutres en général.

TOUT le monde tombera d'accord
que, quand deux Etats se trouvent
avoir entr'eux quelque contestation, on
ne peut d'aucun des deux côtés en appeller aux Loix Civiles de l'un ou de
l'autre ; parce que l'une des deux Parties ne les reconnoît pas. Ces affaires
se traitent & doivent se traiter uniquem-
ment par voie de négociation & de
Cour à Cour. Elles sont toujours déba-
tues suivant les principes du Droit des
Gens Universel ou Conventionnel ; &
enfin elles ne se décident, du consentement des deux Puissances litigantes,
que par un accommodement conforme
audit Droit, ou par des tempéramens
fondés sur ces deux Codes obligatoires
des Sociétés Souveraines.

Cet exposé de la procédure usitée en pareil cas, renferme une maxime qui fait assez connoître, de quelle façon il convient en général de juger les Navires des Nations amies, saisis comme contrevenans aux Devoirs de la Neutralité. Le chef d'accusation que l'on forme contr'eux, n'étant du ressort d'aucune Législation privée, la décision n'en peut apparténir à aucune Puissance en particulier. Il faut que l'affaire soit traitée ministérialement, que les Gouvernemens intéressés, guidés par la bonne foi, fassent conjointement discuter la question; & qu'ils la décident d'un commun accord, prénant pour base de leur jugement la teneur des Traités, ou à leur défaut, la Loi Universelle des Nations.

Au moyen d'une telle procédure, toutes les difficultés & toutes les incompétences, exposées clairement dans le Chapitre précédent, disparoissent; le soupçon de partialité ne peut plus avoir aucun lieu; & les dissensions & contestations continuelles qui s'élevent en grand nombre au sujet de la Saisie des Prises Neutres, & qui menacent le repos des Peuples, se trouvent, pour la plûpart, coupées par les racines.

§. II.

Difficulté. Moyen de la léver.

CE QUE l'on pourroit nous objec-
ter de plus effentiel, c'eft *la longueur
d'une telle procédure.* « Les deux cen-
» tres de la Négociation, *dira-t-on*,
» étant pour l'ordinaire fort éloignés l'un
» de l'autre, l'allée & venuë des lettres,
» l'arrivée des griefs & des défenfes,
» requerroient un tems confidérable ; ce
» qui, en faifant traîner le procès en
» longueur, reculeroit le relâchement
» des Navires, s'ils étoient innocens, &
» la déclaration de bonne prife, au pro-
» fit des Préneurs, s'ils étoient coupa-
» bles. Or, l'un & l'autre étant égale-
» ment défavantageux aux deux Parties,
» la Jurifdiction projettée paroît trop
» peu convenable, pour qu'elle dût être
» agréée.

Rien n'eft plus aifé que de remédier
à cet inconvénient, dont la propofition
même ne peut être envifagée que comme
un faux-fuyant. Pour le prévenir, les
Puiffances Neutres n'ont qu'à commettre
à leurs Miniftres, accrédités auprès de
celles qui font Belligérantes, ou, ce qui

feroit encore plus expédient, à leurs Confuls, réfidant dans les différens ports de ces derniéres, de juger les Prifes faites fur leurs Nations refpectives, conjointement avec les Commiffaires, nommés pour le même effet par les Souverains des Préneurs, ou par ceux des lieux où la Prife a été conduite.

Si l'on fe doutoit de l'intelligence de ces Miniftres ou de ces Confuls dans cette partie, quoiqu'ils fuffent pourvus d'amples inftructions & de pleins pouvoirs néceffaires, on pourroit leur adjoindre, de l'aveu du Souverain des lieux, des perfonnes pleines de probité & de connoiffance dans tout ce qui concerne les Loix des Nations & les Traités des Puiffances modernes : moyennant quoi l'on préviendroit toute conteftation ultérieure, au fujet des jugemens portés par le Tribunal combiné, en donnant la confiftance & la folidité requifes à cette Jurifdiction qui, pour être nouvelle, n'en feroit pas moins jufte, ni moins fage & bienfaifante.

§. III.

Avantages de la Jurisdiction projettée.

AINSI il conste qu'au moyen de l'expédient indiqué, la Jurisdiction projettée, bien loin de mériter le reprôche de la lenteur, seroit au contraire fort prompte : De sorte qu'elle auroit, pour le moins, deux grands avantages sur celle qui s'exerce actuellement par rapport aux Prises Neutres. Cette derniére ne paroît introduite & n'est autorisée que par une simple Coûtume, & il n'y a qu'une grande Puissance maritime qui y puisse trouver son compte, quoiqu'aux dépens de la Justice : La premiére en revanche, parfaitement exempte de ces défauts, seroit non-seulement compétente, mais elle auroit encore l'avantage de la promptitude.

Le grand article qui parle d'abord en sa faveur, c'est la *Compétence* ; sans laquelle toute Justice, quelque belle qu'en soit d'ailleurs l'administration, demeure toujours vicieuse. Nous y ajoûtons la *Promptitude*. Non pas que nous considérions

rions le Jugement le plus prompt, comme étant toujours le meilleur. Il s'agit moins d'avoir bientôt fait, que d'avoir bien fait. Mais parce que, toutes chofes d'ailleurs égales, la Juftice promptement adminiftrée eft fans contredit préférable à celle qui traîne, & qui ruine les Parties en frais, avant que l'affaire foit terminée. Les chicanes du Barreau, ces inftrumens terribles pour éternifer les procès, n'auroient pas beau jeu devant un Tribunal tel que nous le propofons. Les fubtilités & contradictions des Loix Civiles qui les nourriffent, ne pourroient avoir aucun lieu devant des Juges qui ne prendroient pour bafe de leurs Arrêts que les Loix de l'Humanité & la teneur des Traités, & dont, pour le moins, une partie feroit continuelle-ment intéreffée à voir la conteftation finie.

La célérité d'une telle procédure feroit d'autant plus avantageufe, que les pro-cès des Prifes Maritimes demandent plu-tôt une prompte décifion que bien d'au-tres. Leurs cargaifons étant fouvent fu-jettes au dépériffement, la valeur s'en trouve quelquefois réduite au quart,

quand enfin, après bien des longueurs,
le Juge prononce sur leur fort ; ce qui
eſt également contraire aux intérêts du
Demandeur, comme à ceux du Défendeur. Car ſi le Navire eſt abſous, ces
dégâts occaſionnés par la détention,
hauſſent conſidérablement les frais de
l'indemniſation, dûe alors au dernier,
& dont le rembourſement pourroit facilement devenir par-là ruineux pour le
premier ; de même qu'en cas que confiſcation ait lieu, ledit dépériſſement du
Vaiſſeau ou de ſa charge, fait baiſſer de
beaucoup les profits du Preneur, ce qui
rallentit d'autant l'eſprit des courſes ;
eſprit que l'Etat Belligérant eſt fort intéreſſé à entretenir, mais qui ne ſe ra-
nime que par l'appas du gain. Les Particuliers ſont rarement d'humeur de courir les riſques des armemens, s'ils ne
voyent pas le ſuccès de leurs entrepriſes
ſuivi d'un bénéfice proportionné.

Au reſte la lenteur de la procédure eſt
préciſément un des premiers griefs des
Neutres, contre les Tribunaux actuellement en vogue pour juger les Priſes.
Tout le Public inſtruit ſçait combien de
fois ils ſe ſont plaint de la longueur des

procès intentés à leurs Navires ; & combien de fois les Colléges des Amirautés des Belligérans n'ont décidé du fort de ces Navires qu'après des procédures de 2 à 3 ans.

§. I V.

Observation.

AVANT que de déterminer plus en détail, quels font les Juges Compétens des Bâtimens Neutres, arrêtés par les Navires armés des Etats qui font en guerre, il eft effentiel d'obferver : Que ceux-là peuvent être conduits par ceux-ci ; 1° *Dans un port de la Domination du Souverain des premiers ; 2° Dans les propres ports des derniers ; 3° Dans des lieux apparténans aux Ennemis ; & enfin 4° à des endroits qui relévent d'une autre Puiffance Neutre.*

Cette différence des lieux, où les Vaiffeaux de Guerre ou Armateurs peuvent mener leurs Prifes, exige de notre part la plus grande attention, & nous fervira de guide dans ce que nous avons encore à dire, pour éclaircir cette matiére, non moins délicate qu'intéreffante.

C ij

§. V.

Quels sont les Juges Compétens des Prises Neutres, conduites dans leurs propres ports ?

ON CONÇOIT aisément que ce ne peut être qu'à contre-cœur qu'un Navire Belligérant ménera une Prise Neutre dans un port de la Domination du Souverain d'icelle. Il ne pourra s'y attendre à aucune faveur. Cependant si des raisons prépondérantes l'y déterminoient, comme il arrive quelquefois, il est à sçavoir : *Quel seroit alors le Juge Compétent de la Prise ?*

La réponse est aussi simple qu'incontestable. La Prise se trouvant pour lors vis-à-vis de son Souverain légitime, & par conséquent son Juge naturel ; c'est sans contredit au Souverain des lieux de la juger. Il n'y a aucune raison qui s'y oppose ; & le Preneur ne pourra se dispenser de plaider devant la Jurisdiction établie dans le port : A moins que, du consentement du Souverain Neutre, il n'aimât mieux se désister de sa poursuite, en remettant ses intérêts entre les mains du sien. Mais dans ce cas même, il ap-

partient toujours au premier de faire
examiner la conduite de ſes Sujets, ſur
les plaintes du dernier, & de faire donner une ſatisfaction convenable au Demandeur, ſi elles ſe trouvent fondées.
Car au reſte, non-ſeulement la Priſe,
mais le Preneur même, ſont juſticiables
devant le Souverain des lieux ; celui-ci
pouvant être cenſé s'être ſoumis à ſa
Juriſdiction, en entrant *volontairement*
dans un de ſes ports.

§. V I.

A qui c'eſt de juger les Navires Neutres, menés dans les ports des Préneurs ?

CET Article demanderoit une diſ-
cuſſion détaillée, ſi nous n'avions pas
répondu déja à la queſtion, par le contenu du premier paragraphe. C'eſt préférablement pour procurer aux Priſes
Neutres, détenues dans les ports de la
Puiſſance Saiſiſſante, une Juriſdiction
pertinente, que nous avons propoſé l'é-
tabliſſement d'une Cour combinée dans
ces ports, comme le ſeul moyen pour
lever le grand obſtacle de l'incompétence.

Il n'y a qu'une telle Cour ou Commiffion, compofée de Juges, nommés par le Souverain des lieux, & de Confuls ou Confeillers, accrédités par le Souverain Neutre, qui puiffe connoître pertinemment de la conduite des Navires, appartenans aux Sujets du dernier, & conduits *forcément* dans les ports du premier : Suppofé qu'on ne veuille pas traiter miniftérialement toutes ces affaires, & qu'on fe refufe à les décider par voie de négociation, comme étant de nature à la jetter immanquablement dans des délais onéreux aux deux Parties.

Nous n'avons rien à ajoûter à ce que nous avons dit à ce fujet, que le vœu fincére que nous arrachent l'Humanité & la Juftice, qu'il plaife aux Péres des Peuples de réprimer les abus qui fe font gliffés dans cette partie de l'exercice de leur pouvoir fuprême, & que toutes les Nations Maritimes conviennent entre elles des moyens propres pour éloigner, en temps de Guerre, l'injuftice & l'oppreffion des innocens, de leur conduite & de leurs Tribunaux. L'occafion en fera bientôt belle. Tous ceux qui s'intéreffent au bonheur de l'efpéce humaine, tous les hommes dignes de l'être, fou-

haitent le rétour de la paix. L'épuise-
ment des Parties paroît même nous la
promettre. Les suites de la mort, vrai-
semblablement fort prochaine, du Roi
d'Espagne, parurent vouloir la reculer,
en rendant la Guerre encore plus générale : Mais les arrangemens pris & arrêtés entre les Cours de Versailles, de
Naples & de Turin, nous rassûrent sur
cette crainte. Le futur Congrès fournira
la plus belle occasion, pour terminer,
& pour prévenir par un Traité de Navigation entre toutes les Puissances Maritimes, les différends qui s'élévent sans
cesse au sujet des Prises Neutres, &
nommément de leur Jugement.

§. VII.

Du Juge Compétent d'une Prise Neutre, conduite dans un port, apparténaut à l'Ennemi du Saisissant.

IL N'Y A que des cas particuliers,
ou les derniéres extrémités, qui puissent
engager un Vaisseau Belligérant à relâcher dans les ports de son Ennemi, ou
à y conduire sa Prise. Néanmoins il peut

se trouver dans des circonstances si fâcheuses, qu'il faudra bien qu'il s'y résolve, malgré qu'il en ait. Il n'y a rien qui tienne contre la nécessité, & qu'on ne fasse pour échapper à une mort certaine. Les hommes l'envisageront toujours comme le plus grand & le dernier des maux.

Ainsi un Navire démâté ou désemparé, faisant trop d'eau pour que l'on puisse y remédier, poussé vers les côtes par la violence des vents ou d'une grosse tempête, pressé par des dangers imminens & inévitables en Mer, ou enfin ayant à lutter contre le terrible fléau de la famine, aimera mieux chercher son salut, en se livrant aux Ennemis, que de périr misérablement sans gloire & sans utilité. Nous en avons un exemple récent dans le *Belliqueux*, Vaisseau de Roi François, de soixante-quatre piéces de Canons, qui, de retour du Canada à la fin de la derniére campagne, fut forcé par la famine à relâcher devant Bristol, & à s'y livrer aux Anglois.

On décide aisément du sort d'un tel Navire. Il est sans contredit de bonne prise. Mais on demande : *Si un tel Vaisseau* ayant fait une Prise Neutre, dont il n'a pas été à même de retirer son monde, *entre avec elle dans un port Ennemi, à qui est-ce pour lors de juger cette Prise, en tant qu'elle l'est ?*

Nous répondons : A personne. Toute procédure tombe à son égard ; parce qu'il n'y a plus personne qui ait aucune prétention sur elle. Non pas le Preneur qui, n'étant pas seulement à lui-même, ne peut plus devenir Demandeur, ou faire aucune acquisition : Ni non plus le Souverain des lieux ; parce qu'il n'a nuls griefs contre cette Prise. Il est vrai qu'elle étoit, à son arrivée, au pouvoir de l'Ennemi ; mais elle n'étoit que saisie, & non pas condamnée : Par conséquent le Souverain des lieux ne pourra point s'en emparer comme d'un accessoire à la Prise capitale, ou comme une propriété du Vaisseau Ennemi. Il n'a donc autre chose à faire, que de rendre promptement la liberté à un Bâtiment de ses Amis, dont il n'a aucune raison de se plaindre.

Il doit en être ainsi, de quelque façon que l'on envisage le cas. Le Navire Neutre a été saisi par un Vaisseau Belligérant, sur le soupçon d'avoir enfreint les Loix de la Neutralité, au préjudice de la Patrie du Saisissant. Ce soupçon est fondé, ou non ; c'est-à-dire, la Prise est innocente, ou elle est coupable, à l'égard du Preneur ou de son Souverain. Si elle est *innocente ;* il s'entend de soi-même qu'elle doit être relâchée : Rien n'étant plus juste que de rendre la liberté à un Bâtiment Ami, injustement détenu par nos Adversaires ; dès que ces Adversaires tombent en notre pouvoir avec leur proie. Si, au contraire, elle est *coupable* envers le Preneur ; c'est une raison de plus pour la relâcher au plus vîte, comme un Navire Ami par excellence, qui a voulu nuire aux affaires de nos Ennemis, & par conséquent nous rendre service.

Non-seulement la Justice, mais la reconnoissance même, doivent engager le Souverain qui s'est rendu maître du Preneur & de sa Capture à cette conduite. Il devroit même, s'il vouloit bien faire, récompenser un tel Bâtiment. Il captiveroit par-là la bienveillance des Neutres, & ses intérêts y gagneroient toujours de façon ou d'autre. Ainsi une telle Prise devant être mise en liberté dans l'un & l'autre cas ; il s'ensuit : qu'il n'y a point de procès à instruire à son égard ;

qu'on n'a pas befoin de Juge ; & que par conféquent il ne peut être queſtion de la Compétence des Tribunaux, par rapport à une Saiſie de cette nature.

§. VIII.

Qui eſt le Juge Compétent des Priſes Neutres, conduites dans un port, appartéaant à une troiſiéme Puiſſance, également Neutre ?

CETTE queſtion paroît d'abord délicate & difficile à réſoudre. Cependant on en viendra facilement à bout ; pourvû que l'on prenne pour guides la préciſion, la fimplicité & la bonne foi. Sous ces aufpices, toutes les matiéres du Droit des Gens deviennent lumineuſes.

Une Priſe Neutre, conduite dans un port d'une autre Puiſſance Neutre, a été faite, ou *fur les côtes des Etats de cette Puiſſance*, ou *ailleurs. Si la Saiſie a eu lieu fur ces côtes*, il eſt à ſçavoir : Si la Souveraineté de ladite Puiſſance, & par conféquent ſa Neutralité, n'en ont pas été léſées ? Ou ſi, ce qui revient au même, cet acte d'hoſtilité ne s'eſt

point paffé dans un endroit qui peut être
cenfé relever de fa Domination ? C'eft
une queftion préliminaire, dont la décifion préalable importe beaucoup ; &
elle doit fe faire par la voie de Négociation entre les trois Cours intéreffées.

Au cas qu'après un mûr examen, il
fe trouvât que le Vaiffeau Belligérant fe
foit effectivement emparé du Navire
Neutre dans un lieu dont la Souveraineté appartient , de l'aveu des Parties , ou peut être réputée appaŕténir à
l'Etat, dans le port duquel le Preneur
a conduit fa Prife ; le Souverain de cet
Etat ou de ce port doit inceffamment faire
relâcher cette derniére comme une Capture illégitimement faite , & par conféquent nulle & de nul effet , quant
au tranfport de propriété ou de pof-
feffion.

Ce fut fur ces principes que le Gouvernement d'Efpagne déclara illégitime ,
il y a environ deux ans, la Prife du *Duc
de Penthiévre*, Vaiffeau de la Compagnie Françoife des Indes, arrêté par le
Corfaire Ang'ois *le Briftol*, & conduit
à Cadix. Après une Negociation de plufieurs mois entre les Cours de Verfail-

les , de Madrid & de Londres, la féconde de ces trois Cours fit mettre en liberté ledit Vaiffeau , comme ayant été pris dans un endroit dont Sa Majefté Catholique réclame la Souveraineté.

Tout cela ne fouffre aucune difficulté. Mais on demande : Qui eft le Juge Compétent d'un Bâtiment Neutre , conduit dans un autre Port Neutre , quand la Saifie n'eft point en conteftation , rélativement au lieu où elle a été faite ? C'eft-à-dire, quand ce Bâtiment a été pris *ailleurs* que fur les côtes de l'Etat Neutre , dans le Port duquel on le mene.

Pour répondre dûement à cette queftion , il eft néceffaire de diftinguer entre un Vaiffeau Belligérant qui relâche fimplement dans un Port Neutre avec fa Prife , afin d'y attendre le vent ou des momens favorables pour gagner fes propres Ports, fans rifquer qu'on lui enléve fa Proie ; & un Vaiffeau Ennemi qui conduit fa Capture dans un Port Neutre, pour l'y vendre. Au premier cas il ne s'agit point de juger la Prife. Le Souverain du Port ne s'embarraffe pas fi elle eft bonne ou illégitime. Par conféquent ce cas ne regarde point notre question.

Il en est autrement du second. Le Preneur ne pouvant vendre ou faire acheter sa Prise, sans que la propriété lui en soit adjugée au préalable, quand même elle seroit faite sur ses Ennemis, & conduite dans les Ports de son propre Souverain ; il s'ensuit : qu'à plus forte raison cette adjudication doit précéder la vente d'un Navire Neutre, qui se trouve mené dans un autre Port également Neutre. Mais à qui est-ce de la faire ? Non pas au Souverain des lieux, qui ne peut pas s'ériger en Juge sur un délit ou une action fort contestable en soi, commise par des Nations étrangéres, & pour surcroît d'obstacle, hors de la sphère de sa Domination : Ni non plus exclusivement aux Consuls de la Nation du Saisissant & de celle du Saisi ; parce que l'un & l'autre deviendroit Juge dans sa propre Cause ; ce qui détruit absolument la Compétence.

Il n'y a donc point d'autre ressource en général, pour juger ces sortes de Prises, *s'il faut absolument qu'elles soient jugées*, que la nomination d'une Commission, composée d'un Commissaire, autorisé pour cela par le Souverain des

lieux, & de deux Confuls des Nations
intéreffées. Ces Juges ou Arbitres ne
formeroient que trois voix, dont deux
devroient fuffire pour la Sentence, ou
pour abfoudre ou condamner la Prife.
Cet expédient paroît d'autant plus convenable, qu'au moyen d'une telle mé-
thode les trois Parties intéreffées prendroient également part à la Jurifdiction;
ce qui en éloigneroit le vice de l'incompétence.

Si la Sentence étoit prononcée d'un
commun accord, elle feroit fans doute
de la plus grande force; & il faudroit
en dire autant, fi elle étoit formée fur
les opinions unanimes des deux Confuls :
Mais fi, au contraire, le Conful de la
Nation Neutre, ou celui de la Nation
Belligérante, s'infcrivoit en faux contre
l'Arrêt, il feroit toujours libre à leurs
Cours refpectives de faire reprendre l'affaire par leurs Miniftres, réfidans à l'une
ou à l'autre, & de la terminer par la
voie de Négociation; à moins que ces
deux Cours n'ayent concouru directement, & par une Convention particuliére à l'établiffement de la Commiffion,
ou qu'elles n'aimaffent mieux acquiefcer
à ce qui a été arrêté.

§. IX.

Réflexions sur le contenu du paragraphe précédent.

PLUSIEURS obſervations nous paroiſsent néceſſaires pour éclaircir ce que nous venons d'avancer.

I. Nous avons dit qu'un Souverain Neutre n'eſt point excluſivement Juge Compétent des Priſes Neutres & Etrangéres, que les Navires des Belligérans conduiſent dans ſes Etats ; & l'on peut ajoûter aux raiſons alléguées, que les Démandeurs & les Défendeurs étant étrangers, on ſçaura d'autant moins les aſsujettir à ſa Juriſdiction privative, que les Nations étrangéres ont communément leurs Conſuls, autoriſés pour connoître de leurs différends.

Cependant cela n'empêche pas que ce Souverain ne ſoit toujours fort en droit de prendre part à la Juriſdiction qui s'exerce chez lui ; à moins qu'il n'y ait renoncé poſitivement. Outre la Souveraineté des lieux qui lui appartient, & dont la Juriſdiction d'iceux eſt l'appanage certain, les Vaiſſeaux Belligérans, en conduiſant leurs captures dans ſes

Etats, font cenfés fe foumettre à fa Jurifdiction. Il eft vrai qu'on ne fçaura
en dire autant des Prifes; puifqu'elles
y ont été traînées malgré elles : Mais
la remarque n'en fuffit pas moins pour
prouver, que les Préneurs font obligés
à réconnoître la concurrence du Souverain des lieux aux jugemens à prononcer fur les Prifes Neutres en queftion.

II. Quoique les Confuls puiffent connoître de différends qui s'élévent entre
les Particuliers de leurs Nations refpectives, chacun pour fes Nationaux, &
en tant que les Traités de leurs Souverains avec celui du Pays, où ils réfident,
les y autorifent : Cependant ceux des
Nations Neutres ne fçauroient prétendre
au jugement exclufif des Prifes Neutres,
quoiqu'elles fuffent de leurs Nations ;
puifque les Demandeurs dans le Procès
font toujours Sujets d'une autre Puiffance, & que la Jurifdiction confulaire de
cette efpéce, même la plus ample que
nous connoiffions, ne s'étend jamais
plus loin que fur les Nationaux du Conful. Mais, au refte, c'eft précifément
parce que ces Confuls font jufqu'à un
certain point, les Juges ordinaires de

leurs Nationaux, que nous avons crû néceſſaire qu'ils participaſſent aux Juge-mens des Priſes Neutres, faites par ou ſur les Sujets de leurs Souverains.

III. Le partage des Sentimens ſur la nature & l'origine du Droit qu'ont les Conſuls de juger leurs Nationaux, eſt connu. Tout le monde convient que ce Droit ne peut s'exercer, ni avoir lieu, que du conſentement du maître des lieux : Mais on n'eſt point d'accord ſur la façon dont il naît, ou ſur celle dont ſe donne ce conſentement.

Quelques - uns prétendent que ledit Droit n'eſt que l'effet d'un tranſport de Juriſdiction, au moyen duquel le Sou-verain du port ou du territoire transfére au Conſul étranger une portion de la ſienne, en le rendant dépoſitaire de cette partie de ſa puiſſance exécutrice qui con-cerne le jugement des Compatriotes ou des Nationaux dudit Conſul, dans toute l'étendue de ſon Conſulat : De ſorte que, ſuivant cette déduction, la Juriſ-diction conſulaire émaneroit du Souve-rain des lieux, & non pas de celui du Conſul. D'autres, au contraire, ſont d'avis que le Souverain de l'Etat, où ré-ſident les Conſuls, ne fait autre choſe, en donnant son consentement , qu'ôter par - là l'impuissance de ces Magistrats d'exercer aucune Jurisdiction dans un pays étranger , & que cette impuissance une fois ôtée , le Souverain des lieux est censé s'être dépouillé de son pouvoir , en faveur de la Puissance qui envoie , nomme ou accrédite le Consul : D'où il s'ensuit que le droit de juger de celui-ci , dérive directement de son propre Maître.

Toute cette controverse est plus curieuse , qu'intéressante ou utile. Elle seroit peut-être facile à décider à l'avantage de la seconde opinion , si l'on faisoit attention que les Consuls prennent pour base de leurs Sentences les Loix & Ordonnances de leurs Souverains respectifs , & non pas celles du Maître des lieux. Mais quel que soit le fondement de la Jurisdiction consulaire, qu'elle naisse dans le pays , ou qu'elle vienne d'ailleurs , il suffit qu'elle soit indépendante du Souverain de l'Etat où elle s'exerce , pour autoriser les Magistrats extraordinaires qui en sont pourvûs , à concourir efficacement de la façon susdite au jugement des Prises Neutres en question.

IV. Outre les raiſons ci-deſſus profé-
rées, qui autoriſent un Souverain Neutre
à prendre part à la Juriſdiction, quand il
s'agit de juger une Priſe Neutre, conduite dans ſes Ports par les Belligérans,
il y a encore un cas qui augmente conſidérablement ſa Compétence.

Il arrive quelquefois que les Sujets de
l'Etat Neutre, où l'on méne la Priſe, ſe
trouvent intéreſſés dans le Navire ou dans
ſa Cargaiſon, & qu'en conſéquence ils
réclament contre la légitimité d'icelle :
ce qui met leur Souverain en droit &
même dans le devoir de prendre connoiſſance de l'affaire, & de faire examiner la validité de la Saiſie. La protection
qu'il doit à ſon Peuple, le demande ainſi.
Elle ne lui permet pas de ſouffrir que l'on
s'empare injuſtement du bien de ceux
qui lui ſont ſoumis, ni que l'on emporte
ce bien de ſes Etats; à moins que l'on n'en
ait le droit. C'eſt, pour le moins, ſur cet
article qu'il faut que le Preneur ſe juſtifie
devant le Souvérain du Port Neutre,
avant que de s'en aller avec ſa capture.
Sans qu i les habitans du pays ſeroient
fruſtrés, dans le ſein de leur patrie, de la
juſtice qu'ils réclament, & ſe trouve-
roient dans la dure néceſſité d'aller la ſol-

liciter à grands frais , & souvent sans aucun succès , chez un Peuple étranger.

V. Au reste, & à l'exception de ce dernier cas , nous nous en tenons à ce qui a
été dit plus haut. Il ne paroît pas qu'il y
ait d'autre ressource] pour juger pertiné-
ment dans un Port Neutre, les Prises
faites sur une autre Nation également
Neutre, que la nomination d'une Commission, telle que nous l'avons proposée,
*s'il faut absolument que ces Prises y
soient jugées.* Car d'ailleurs nous conve-
nons volontiers que le parti le plus sage
que puisse prendre le Souverain du Port,
ce seroit de ne jamais permettre que les
Belligérans y vendissent des Prises de
cette espéce , mais de les obliger ou à les
relâcher , ou à les emmener ailleurs. Au
moyen d'une telle défense il ne seroit pas
question de les juger , & le Souverain se
mettroit à même d'éviter bien des contestations, quelquefois aussi pénibles que
dangereuses.

CHAPITRE III.

RÉFLEXIONS SUR LE PROCÈS DES PRISES NEUTRES.

SOMMAIRE.

§. I. *Avant-Propos.* §. II. *Sur quoi l'on doit juger les Prises Neutres.* §. III. *Si une Prise Neutre peut faire venir des Piéces justificatives après la Saisie?* §. IV. *De quoi décident absolument les Piéces trouvées à bord de la Prise.* §. V. *Après, ou selon, quoi les Prises Neutres doivent être jugées.* §. VI. *A qui c'est de prouver la légitimité d'une Prise Neutre.*

§. I.

Avant-Propos.

APRÈS avoir suivi les Bâtimens Neutres depuis le commencement de leur Navigation jusqu'à leur Saisie, & de-

là jufqu'à leurs Juges ; il nous refte quelques mots à dire fur leur Procès.

Notre deffein n'eft point d'entrer dans
tous les détails de cette opération juri-
dique. La nature de cet Ouvrage ne le
permet pas ; & d'ailleurs la matiére n'eft
pas même trop de notre reffort. Cet objet
traité au long, demanderoit plus de temps
& d'étendue que nous n'avons à lui donner pour le préfent ; & au refte, tout ce
qui franchit les bornes du Droit des Gens,
ne nous regarde plus. Nous nous con-
tenterons donc de toucher fimplement
quelques points principaux , ou articles
effentiels du Procès des Prifes Neutres.

§. I I.

Sur quoi l'on doit juger les Prifes Neutres.

CELUI qui regarde la queftion ; *Sur quoi l'on doit juger les Prifes Neutres ?* eft fûrement de ce nombre.

S'il falloit réfoudre cette queftion d'a-
près ce que l'on a commencé à mettre
en ufage depuis quelque temps, il faudroit dire : que l'on peut & qu'on doit juger les Prifes Neutres , fur des foupçons,
fur des indices , & même quelquefois fur

les simples prétentions des Armateurs ? car l'on a vu de nos jours des Arrêts condamnatoires gravement donnés, dont les raisons alléguées étoient de cette espéce, ou ne valoient guères mieux. Mais qui ne voit pas que des Sentences motivées de la sorte, n'auroient jamais vu le jour, si ceux qui les ont prononcées, n'avoient pas été en même temps Juges & Partie ? Je risquerois d'offenser l'intelligence de mes Lecteurs, si j'entreprenois d'en faire voir l'injustice & la frivolité.

Les Prises Neutres doivent être jugées :

1° *Sur les piéces trouvées à leur bord, ou sur leurs Papiers ;* &

2° *Sur leur conduite :* Car quoique les Documens du Navire fassent les piéces principales du Procès, ils prouveroient pourtant en vain la Neutralité effective d'un Bâtiment, si les actions de son Commandant & de l'Equipage leur donnoient un démenti manifeste.

Ainsi, si tous les Papiers d'une Prise Neutre étoient en régle, mais qu'elle eût été saisie, étant occupée à porter des vivres ou des munitions de guerre à une Place assiégée, ou à assister autrement & sans contrainte l'Ennemi dans ses opérations

rations militaires, sa conduite la condam-
neroit ; nonobstant la régularité de ses
Papiers. D'un autre côté, si une telle
Prise étoit simplement soupçonnée ou
suspecte d'avoir enfraint les Loix de la
Neutralité, sans que l'on pût vérifier due-
ment les soupçons, mais que les Piéces
trouvées à son bord, prouvassent le contraire, en constatant clairement sa Neutralité réelle ; la régularité de ces Piéces
l'absoudroit, malgré les soupçons qui dé-
poseroient contr'elle , quelque véhé-
mens qu'ils fussent. Un Juge équitable ne
prononce pas, & ne doit jamais prononcer sur ce qu'il peut sçavoir extrajudiciai-
rement ; mais uniquement sur ce qui a été
bien & suffisamment prouvé par le Demandeur ou le Défendeur, dans la procédure.

§. III.

Si une Prise Neutre peut faire
venir des Piéces justificatives
après la Saisie ?

EN GÉNÉRAL, les Prises Neutres devroient être jugées sur les Piéces trouvées
à leur bord, lors de la Saisie ; & non pas
sur celles que leurs Commandans pour-

Tome II.   D

roient faire venir après coup : A moins
que ces derniéres ne fuſſent abſentes par
un effet de violence de la part de l'Ennemi ; par quelque malheur ou quelque dé-
faſtre extraordinaire ; & ſans qu'il y eût
de la faute du Capitaine ou du Propriétaire.

La néceſſité d'empêcher la fraude, paroît le demander ainſi. Cependant comme en fait d'adminiſtration de juſtice,
on ne doit jamais rien précipiter, & que
d'ailleurs les Belligérans ſont obligés à
traiter favorablement les Neutres, leurs
amis, juſqu'à ce qu'il ſoit décidé qu'ils ne
le ſont pas ; il n'y a rien qui empêche
qu'une Priſe Neutre ne puiſſe produire ou
faire venir, avant ou durant le cours du
Procès, des Certificats ou des Documens
propres pour éclaircir ou pour plaider ſa
cauſe ; pourvu qu'elle le faſſe dans le
terme que les Juges lui fixeront.

Les preuves de cette eſpéce, produites
par une Priſe Neutre, quoique arrivées
après ſa Saiſie ou même après le commencement de ſon Procès, doivent ſans
contredit entrer en ligne de compte,
pour ce qu'elles valent. Elles peuvent
même être déciſives ; ſi elles ſont bien
concluantes, & que d'ailleurs leur au-

thenticité se trouve suffisamment avérée.
Ce seroit une conduite visiblement in-
juste, si un Juge refusoit d'admettre les
preuves de l'innocence d'un Défendeur,
parce qu'il ne les avoit pas sur lui lorsqu'il
fut arrêté ; ou si ce Juge ne l'absolvoit pas
pleinement sur ces preuves, en cas qu'elles fussent irréprochables , par la seule
raison que l'accusé les auroit fait venir
après sa détention ou la prise de corps. Il
en est de même d'une Prise Neutre qui se
procure dans la suite de sa détention ou
de son Procès, les monumens de la régularité de sa Navigation. Ces monumens
n'en sont pas moins bons, ni moins valables, pour ne s'être pas trouvés à son
bord lors de sa Saisie.

Il est vrai que les Jugemens des Prises ,
& sur-tout des Prises Neutres, devroient
être sommaires ; c'est-à-dire , promptement prononcées, sans que les Juges s'arrêtent aux futilités du Barreau ou aux formalités inutiles. La nature de la chose &
l'objet de cette procédure , veulent absolument que l'on en éloigne les rétards
& les chicanes qui hérissent les plaidoyers,
& qui harassent souvent l'intelligence
des Juges ou des Tribunaux , en réculant
la décision. Mais une Sentence sommaire

n'autorife , ni n'exige la précipitation.
Tout ce qu'on peut alléguer en faveur de
fa néceffité , ne prouve pas qu'il ne foit
injufte de refufer aux Parties un délai raifonnable pour fe pourvoir d'argumens &
de preuves. Il feroit d'autant moins équitable d'en fruftrer les Prifes Neutres,
que les Cours de Juftice ordinaires & les
Loix civiles de tous les pays, l'accordent
aux Plaideurs.

§. I V.

De quoi décident abfolument les Piéces trouvées à bord de la Prife.

LES PIÉCES trouvées à bord d'une
Prife Neutre & produites par fon Commandant , au moment où elle fut occupée , décident feules & exclufivement
de la légitimité ou de l'illégitimité de la
Saifie ; parce que le Preneur n'avoit que
celles-là devant lui lorfqu'il s'empara du
Navire , & que par conféquent il ne pou-
voit juger alors que d'après ces Piéces :
Mais elles ne décident point feules & abfolument de la queftion : Si le Bâtiment
doit être déclaré de bonne prife ou non ?

parce que les preuves poſtérieures & ju-
ſtificatives de la régularité de ſa conduite,
doivent être admiſes, & qu'on doit en
tenir compte pour former la déciſion dé-
finitive ſur cet article, comme il a été
prouvé ci-deſſus.

Il s'enſuit de-là : Qu'un Bâtiment
Neutre dont les Archives ne ſont point
completes quand on l'arrête, ou auquel
il manque alors quelque Papier néceſſaire
pour conſtater ſa Neutralité effective,
mais qui après, durant ſa détention ou
le cours de ſon Procès, remédie pleinement à ce défaut, en produiſant les preuves requiſes & inconteſtables de ſon innocence, & comme quoi il n'eſt coupable d'aucune infraction aux devoirs des
Neutres ; qu'un tel Bâtiment, dis-je, ne
pourra jamais être déclaré de bonne
Priſe. Mais il n'en doit pas moins ſup-
porter tous les frais de la procédure, &
même ceux de capture, comme ayant
été légitimement ſaiſi.

Il en doit être ainſi ſuivant le Droit des
Gens Univerſel : Car ſi les Traités en décident autrement, il faut ſans doute que
les Sujets des Puiſſances Contractantes
s'en tiennent à ce qu'ils ſtipulent ſur cet
article, comme ſur tous les autres. Mais

cela ne forme tout au plus qu'une exception ; fans invalider le moins du monde
la Régle générale qui oblige toûjours également les autres Peuples, qui n'ont point
modifié eux-mêmes leurs Droits par des
femblables Traités.

§. V.

Après, ou felon, quoi les Prifes Neutres doivent être jugées.

UN ETAT NEUTRE & *Souverain*
ne reçoit des Loix pofitives que de lui-
même. Aucune Nation étrangere, qu'elle
foit Belligérante ou qu'elle ne le foit pas,
n'eft en droit d'obliger fes Sujets à fuivre
les fiennes ; quand ces Sujets reftent chez
eux, quand ils fe trouvent dans des lieux
qui relévent d'une troifiéme Puiffance ou
qui n'appartiennent à perfonne.

Les Ordonnances des Courfes, les
Déclarations fur les Prifes & les Loix
maritimes des Puiffances Belligérantes,
ne font donc aucunement obligatoires
pour des Navigateurs Neutres, par elles-
mêmes. Elles peuvent le devenir, en
vertu d'un confentement exprès ou d'une
Convention particuliére de leurs Souve-

rains respectifs ; mais pour lors la force obligatoire desdites Loix & Déclarations, à l'égard de ces Navigateurs, ne dérive point du premier Légiflateur ; elle dérive du fecond, ou de la Puiffance légiflative & de l'autorité Souveraine du Confentant ou du Contractant, qui adopte ces Loix, & qui a le Droit d'obliger fes Sujets à les prendre pour régles de conduite. Sans cette circonftance, les Navigateurs Neutres ne les reconnoiffent pas ; & ils ne peuvent, ni ne doivent les reconnoître.

C'eft une maxime avérée en fait de judicature, & conforme à la faine Raifon : *Que les accufés doivent être jugés felon les Loix qui les obligent,* & que, par conféquent, ils peuvent être foupçonnés avoir violées ; & non pas felon celles qui ne les regardent point. Car on ne peut jamais manquer à des devoirs qui ne font pas les nôtres ; ni être coupable, quand on n'eft obligé à rien. Juger quelqu'un felon des Loix qui ne l'obligent point, c'eft prétendre qu'il fuive les ordres d'un Supérieur qui n'eft pas le fien, & auquel il n'eft tenu à aucune obéiffance.

De ces principes inconteftables il s'enfuit : *Que les Prifes Neutres,* fur-tout celles qui n'ont pas été faifies dans des lieux dont la Souveraineté eft réconnue appartenir à la Puiffance faififfante, *ne doivent être jugées, que*

1°. *Selon le Droit des Gens Conventionnel, ou felon la téneur des Traités, faits avec leurs Souverains refpectifs; &* à leur défaut, ou fur les articles dont ces Traités ne parlent pas,

2°. *Selon le Droit des Gens primitif, ou le Code Univerfel des Nations Souveraines.*

Il n'y a que ces deux Codes qui faffent Loi entre les Peuples libres & indépendans les uns des autres, & par conféquent, il n'y a que leurs Arrêts qui puiffent condamner ou abfoudre les Prifes Neutres. Les obligations qu'emportent les Arrêts du premier, ceffent entre les Etats qui entrent en guerre enfemble : Mais celles qui dérivent des oracles du fecond, fubfiftent toujours, même entre les Belligérans; en tant que l'état de violence réciproque, où ils vivent enfemble, & le but de toute Guerre, le permettent.

Un Etat Belligérant peut faire juger fuivant fes propres Loix, Déclarations ou Ordonnances, les Prifes faites fur

l'Ennemi; puisque la question prélinaire concernant ces Prises est toute décidée. La Guerre lui donne le Droit formel de s'en emparer. Elles sont toûjours
légitimement saisies; pourvu que cet acte
d'hostilité ne se soit pas passé dans un endroit qui se trouve effectivement sous la
domination de quelque Puissance Neutre.
D'ailleurs un Navire réconnu pour apparténir à l'Ennemi, ne manque jamais
d'être de bonne prise; & c'est en quoi
les Preneurs se trompent rarement. L'exception des Bâtimens de Cartel est notoire; mais ces Bâtimens sont trop bien
caractérisés, pour que l'on s'y méprenne.

Ainsi les jugemens des Prises ennemies
ne regardent que l'économie intérieure
de l'Etat Belligérant dont les Sujets les
font; & la régie de cette économie, ou
la justice distributive à son égard, appartient sans contredit aux Loix positives de
cet Etat. Rélativement aux Prises mêmes, ces jugemens ne sont presque que
des pures formalités, uniquement nécessaires pour astreindre les Preneurs à un
certain ordre, & pour prévenir les effets
irréguliers de l'avidité des Corsaires qui
pourroient empêcher la distribution légale
du bénéfice, ou celle des gratifications

D v

qui s'accordent quelquefois à ceux qui prennent des Navires ennemis. On voit bien que tout cela fait un objet de la Législation particuliére du Souverain Belligérant.

Il en est bien autrement des Prises Neutres. Tout ce qui régarde leur Procès, depuis l'acte de la Saisie jusqu'à leur entiére condamnation, présente des questions qui ne peuvent être décidées que par les Traités ou par le Droit des Gens Universel. Ces Navires ne font donc foumis aux Loix civiles des Belligérans, qu'après avoir été déclarés de bonne Prise, & avoir par-là ceffé d'apparténir à une Nation Neutre.

§. V I.

A qui c'eſt de prouver la légitimité d'une Priſe Neutre.

LES PRISES faites fur l'Ennemi, font femblables à ces criminels notés d'avance, dont les forfaits font fi manifeftes qu'on ne rifqueroit pas de leur faire injuftice, quand même on les jugeroit fans aucune forme de procédure ; mais dont néanmoins l'on inftruit le Procès, pour les condamner en régle. Les Priſes Neutres, au contraire, se trouvent dans le cas de ces accusés qui ont une réputation bien établie, & dont d'ailleurs l'état exige toutes sortes de ménagement. Pour faire condamner les premiers, ou pour obtenir la confiscation de leurs biens, le Demandeur n'a quasi qu'à se présenter ; tout dépose en sa faveur : Au lieu qu'il faut une plainte bien fondée, des raisons très-graves & bien avérées, pour faire perdre leur cause aux seconds ; puisque la présomption & toutes les circonstances plaidant pour eux, il n'y a que l'entiére conviction qui puisse les condamner.

Une Prise ennemie porte avec elle son jugement. Son nom seul vaut déja une déclaration de bonne Prise. L'Armateur qui s'en empare en acquiert par cet Acte même le domaine ou la propriété en tout ou en partie ; au moins il l'acquiert pour l'Etat dont il est membre. La Sentence qui la lui adjuge formellement dans la suite, ne fait que vérifier son acquisition. En revanche, un Vaisseau Belligérant qui se rend maître d'un Navire Neutre, ne se procure par-là que le simple espoir d'y gagner quelque chose. Pour réaliser ses espérances, il faut au préalable qu'il confte par des preuves évidentes & non-équivoques, que ce Navire a été légitimement faifi, & qu'il a enfraint les Loix de la Neutralité. Jufque-là fon affaire refte indécife. Mais il eft à fçavoir : A qui c'eft de donner ces preuves ? *Si c'eft au Préneur de prouver la légitimité de la Saifie & celle de la confifcation qu'il demande ? Ou, fi c'eft à la Prife de prouver le contraire ?*

Une expofition toute fimple du cas, où fe trouvent en général les Prifes Neutres, va fervir de réponfe à ces queftions. Un Bâtiment Neutre, à l'approche d'un Vaiffeau Belligérant, arbore le Pavillon de fa Nation. Celui-ci fe méfiant d'une enfeigne fi arbitraire & fi fouvent trompeufe, demande la Vifite. Le Commandant Neutre produit fon Paffe-port, fes Lettres de Mer & les autres preuves qu'il croit propres pour conftater fon état & la régularité de fa Navigation ; mais que le Belligérant juge fauffes, fuppofées ou infuffifantes. En conféquence il s'empare du Navire & le conduit dans quelque port de la domination de fon Souverain. Là, le Procès étant inftruit, le Commandant foi - difant Neutre , expofe derechef les Piéces juftificatives qui fe font trouvées à fon bord , ou qu'il s'eft procurées depuis fa détention , & tâche de prouver par des raifons, bonnes ou mauvaifes, la vérité de fa Neutralité & la conformité de fa conduite aux Devoirs qui y font attachés. Néanmoins le Préneur infifte , & demande que la Prife lui foit adjugée. Il faut donc qu'il faffe voir , fur quel fondement ; & par conféquent , c'eft à lui de prouver la légitimité de la Saifie, & celle de la confifcation du Navire qu'il exige : *C'eft au Preneur de faire confter , qu'il a été en droit de s'emparer du Bâtiment, & que celui-ci doit être déclaré de bonne Prife ; & non pas à la Prife à prouver le contraire.*

Plufieurs raifons, qu'il feroit trop long d'alléguer ici , confirment notre fentiment qui d'ailleurs dérive tout uniment de la nature même du Procès des Prifes Neutres. Nous n'en nommerons que l'impoffibilité d'une preuve négative en pareils cas. Rien de plus dur que d'obliger quelqu'un à conftater directement ce qui n'eft pas , ou ce qui n'a pas été fait; ou d'exiger de lui qu'il faffe conf-

ter fans détour , qu'une chofe n'a pas
eu lieu, ou qu'une certaine action n'a
pas été faite ou commife. Le plus homme de bien feroit fort embaraffé, s'il
devoit prouver juridiquement qu'il n'a
jamais volé, ou qu'il n'a jamais commis
quelque autre action infamante. Comment s'y prendroit-il ? En fe difant hon-
nête homme & en fe conduifant toute
fa vie comme tel, il peut défier le monde entier de lui prouver le contraire.
Voilà ce qui peut & qui doit lui fuffire.
S'il entreprend de donner des preuves
pofitives, qu'il n'a jamais rien fait qui
foit incompatible avec l'honnêteté ou
avec l'exacte probité, il échouera fûrement dans fon entreprife. La raifon de la
régle générale, que c'eft à l'accufateur
ou à l'affirmant de prouver fon accufation ou fon affertion, & non pas à l'ac-
cufé de prouver le contraire, gît dans
la nature de la chofe ; c'eft-à-dire, dans
l'impoffibilité, ou dans la difficulté extrême d'une preuve négative.

Nous n'avons qu'à appliquer ce principe au Procès des Prifes Neutres, pour
nous convaincre clairement que c'eft au
Preneur à prouver la légitimité de la

Prife , ou fon infraction à la Neutralité ,
& non pas à celle-ci de faire confter par
des preuves pofitives , qu'elle n'en a
point violé les Loix. Sa défenfe doit fe
borner à réfuter l'accufation. Elle ne
doit point entreprendre de la prévenir.
Le Défendeur d'une Prife Neutre, après
avoir mis devant les Juges le Paffe-port,
les Lettres de propriété , la Charte-
Partie & les autres Piéces juftificatives
& effentielles du Navire , n'a plus rien
à faire que d'attendre patiemment les
griefs du Demandeur , auxquels il faut
qu'il réponde dans la fuite pour en faire
voir l'inconfiftance, s'il le peut : mais
toujours fans s'engager dans des preuves qui ne fçauront lui réuffir à la rigueur , quelque bonne que foit fa
caufe.

S'il cherche d'abord à prouver directement que le Navire ou fa cargaifon ne
font point confifcables , il trahira infail-
liblement fes intérêts ; & c'eft pour l'a-
voir entrepris, qu'un grand nombre de
Prifes Neutres ont été engagées, durant la Guerre préfente , dans des Procès de longue haleine qui fe font ter-
minés quelquefois par la confifcation des

Navires, souvent par celle des Cargaisons, toujours au désavantage des Prises.

Plusieurs de ces Bâtimens Neutres qui,
suivant une maxime moderne & assez
mal-entendue, on été saisis sur le soupçon que leurs Cargaisons pourroient
bien, en tout ou en partie, apparténir à l'Ennemi, ont sur-tout éprouvé
un sort pareil. Les Défenseurs de ces
Navires, au lieu d'abandonner aux Preneurs la tâche de vérifier leur prétention, se sont souvent avisé de prouver
que lesdites charges n'appartenoient point
aux Ennemis ; ce qui, n'ayant pû leur
réussir à la satisfaction des Juges, par la
raison ci-dessus alléguée, une telle procédure n'a pû que devenir funeste aux
Prises.

CHAPITRE IV.

DE LA DÉCLARATION DE BONNE PRISE, RÉLATIVEMENT AUX BATIMENS NEUTRES.

SOMMAIRE.

§. I. *Avant-Propos. Définition.* §. II. *Observation préliminaire. Axiome Universel. Maximes fondamentales.* §. III. *Explication de la Définition.* §. IV. *Quels Bâtimens peuvent être déclarés de bonne Prise, avec leurs Cargaisons.* §. V. *Quels sont les Navires Neutres qui peuvent être déclarés de bonne Prise; mais dont les Cargaisons doivent être restituées.* §. VI. *Quels sont les Vaisseaux Neutres dont ni les Corps, ni les Cargaisons, ne peuvent jamais être déclarés de bonne Prise, suivant le Droit des Gens primitif.* §. VII. *Ob-*

jection. Réponse. §. VIII. Difficulté. Moyen de la lever. §. IX. Explication. §. X. Temps où doit cesser toute Déclaration de bonne Prise.

§. I.

Avant-Propos. Définition.

CE SEROIT un travail d'assez longue haleine que d'entrer dans tout le détail qui concerne la Déclaration de bonne Prise ; ne fût-ce que rélativement aux seuls Bâtimens Neutres. Nous nous bornerons donc simplement à établir des Régles générales sur une matiére qui exigeroit des volumes, s'il falloit la traiter dans toute son étendue ; ce que nous comptons pouvoir faire d'autant plus briévement que tout y est déja préparé par le contenu du sixiéme, septiéme & huitiéme Chapitres de la premiére Partie, & sur-tout par le premier Chapitre de la seconde Partie du premier Tome de cet Ouvrage. Les principes généraux étant une fois bien avérés, le Lecteur intelligent en déduira sans peine les conséquences propres pour éclaircir les cas particuliers qui fe rapportent à cet objet.

On entend par DÉCLARATION DE BONNE PRISE *d'un Bâtiment Neutre, la décifion d'un Juge ou d'un Tribunal Compétent, par laquelle un Navire Neutre, arrêté par des Belligérans, eft réconnu pour être légitimement faifi ; de forte que la propriété, fans ou avec fa Cargaifon, en eft transférée ou adjugée aux Preneurs, en tout ou en partie.*

§. I I.

Obfervation préliminaire. Axiome Univerfel. Maximes fondamentales.

TOUS les Bâtimens Marchands Neutres fans Convoi, & par conféquent fans une enfeigne bien avérée de leur Neutralité, font obligés à fe foumettre, en temps & lieux convenables, à la Vifite des Vaiffeaux Belligérans, comme il a été prouvé ci-deffus. (*) Mais aucun de ces Bâtimens ne fçaura légitime-

____

(*) *Voyez* ci-deffus Tome I. Partie II. Chapitre III. §. II. III. & IV. pages 228-232.

ment être faifi , fans fe trouver , pour le moins , chargé de Contrebande de Guerre pour le fervice des Ennemis ; ni être confifqué ou déclaré de bonne Prife que dans le cas où il aura enfreint les Loix de la Neutralité , & ainfi manqué aux Devoirs effentiels de fon état.

Pour pofer avec folidité la bafe de toute Déclaration de bonne Prife des Navires Neutres , il eft bon de rappeller ici l'Axiome univerfel , fuffifamment établi plus haut dans cet Ouvrage (*), & qui doit fervir de pierre de touche à tout ce qui en concerne l'objet. Cet Axiome por te en fubftance :

Que les Nations Belligérantes ont le Droit de faifir les Navires des Etats Neutres , ou de leurs Sujets , toutes les fois que ces Navires auront entrepris quelque chofe qui fe trouve contraire aux Loix de la Neutralité.

Nous renvoyons nos Lecteurs à l'endroit cité ci-deffous , où ils trouveront les preuves & l'explication de cet Axiome :

(*) Tome I. Partie I. Chapitre VI. §. III. & IV. page 95.

Mais nous y ajoûtons pour le préfent les quatre Maximes fondamentales fuivantes, qui paroiffent néceffaires au développement de la matiére dont nous traitons :

1° *Le Commerce & la Navigation font en général libres aux Peuples Neutres en temps de Guerre, fur le même pié qu'en temps de Paix.*

2° *Ce font les feules Loix de la Neutralité qui mettent quelque modification à cette liberté en particulier, & les Devoirs auxquels ces Loix obligent les Neutres, fe réduifent à ces deux points* principaux, fçavoir ; *à une inaction entiére par rapport à la Guerre & à fes opérations, & à une impartialité parfaite dans tout le refte de leur conduite,* rélativement aux Belligérans.

3° *Les Droits de la Guerre,* compétens aux Nations Belligérantes, *font toujours limités par ceux de la paix,* apparténans non-feulement aux Puiffances Neutres, mais fonciérement à toute Société humaine. C'eft même pour faire récouvrer en entier aux premiéres ceux-ci, qu'on leur accorde ceux-là.

Quoique la limitation mentionnée foit en quelque forte réciproque & fe faffe

vice versâ; de façon que les Droits de
la Guerre bornent à leur tour, dans
de certaines occasions, ceux de la paix:
cette réciprocité eft pourtant fort inégale.
Cependant c'eft elle qui fait éclore ce
que nous appellons la Neutralité & fes
Loix.

4° *Quand il y a conflict entre les
Droits de la Guerre* qui font le partage
des Etats Belligérans, *& ceux de la paix*
dont doivent jouir les Peuples Neutres,
le Bien général, l'Equité, la Raifon,
& par conféquent le Droit des Gens Uni-
verfel, veulent que l'on faififfe le tem-
pérament le plus propre pour lever l'op-
pofition, en àffûrant aux uns & aux
autres ce qu'il y a de plus effentiel dans
l'exercice & dans le but de tous ces
Droits.

§. III.

Explication de la Définition.

LA DÉCLARATION de bonne
prife d'un Bâtiment Neutre eft *une déci-*
fion ou Sentence d'un Juge ou d'un Tri-
bunal Compétent; fans quoi, elle feroit
ou frivole & ridicule, ou injufte &
tirannique.

Par la Déclaration de bonne Prise il doit conſter *que le Vaiſſeau a été légitimement ſaiſi , ſans ou avec ſa Cargaiſon ;* ſuivant qu'il s'eſt trouvé en défaut , ſoit par lui-même & par ſa propre conduite , ſoit par la nature de ſa charge ou par d'autres circonſtances.

L'effet de la Déclaration de bonne Priſe d'un Navire Neutre , eſt *que la propriété en eſt transférée ou adjugée aux Preneurs , en tout ou en partie ;* modification qui dépend des Loix maritimes , des Ordonnances des Courſes & des autres Réglemens particuliers de chaque Etat. Ainſi chez quelques Puiſſances Maritimes le Souverain ſe réſerve toujours l'Artillerie des Bâtimens pris ; chez d'autres il ſe réſerve encore les Carcaſſes des Vaiſſeaux , quand ce ſont des Navires de Guerre , moyennant une rétribution ou la valeur qu'il en fait payer aux Preneurs , ſuivant l'eſtimation des Experts ; encore chez d'autres , non-ſeulement le tout eſt abandonné aux Preneurs , mais le Souverain leur fait même donner des gratifications par-deſſus le marché, afin d'exciter leur vigilance & de les encourager davantage à nuire aux Ennemis.

C'eſt par cette raiſon que ces gra-

tifications ne se donnent presque jamais
que pour la prise des Vaisseaux apparténans à ces derniers, & non pas pour
celle des Bâtimens Neutres. Ici en France
le dixiéme de toutes les Prises apparténoit ci-devant au Grand - Amiral : Mais
M. le Duc de Penthiévre, actuellement
revêtu de cette haute dignité, vient de
rénoncer à cet avantage, par un effet
de son désintéressement ordinaire, en
faveur des Preneurs.

§. I V.

Quels Bâtimens peuvent être dé-clarés de bonne prise avec leurs Cargaisons.

IL EST INUTILE de prouver qu'un
Navire, apparténant à quelque Puissance
Neutre, qui prend manifestement part
aux voies de fait ou aux hostilités des Belligérans, en prenant les armes pour une
des Parties, peut être déclaré de bonne
Prise ; même avec sa Cargaison, si cette
Cargaison appartient ou aux Propriétaires
du Bâtiment ou aux Ennemis. Tout cela
va sans dire. Un tel Vaisseau cesse par le
fait d'être Neutre & devient Ennemi :

Par

Par conséquent il doit subir la même Loi avec les autres Ennemis.

Le sort des Bâtimens Neutres qui manquent de quelque autre maniére au premier Devoir de la Neutralité, ne souffre pas plus de difficulté. Cette premiére Loi des Neutres qui leur enjoint une inaction entiére par rapport à la Guerre & à ses opérations, ordonne non-seulement qu'ils s'abstiennent de toutes les voies de fait ou hostilités contre les Belligérans, mais encore de tout ce qui y a un rapport direct, immédiat & décidé : D'où il s'ensuit que les Navires Neutres qui se trouvent dans le cas de la Contrebande *au premier chef*, déterminée ci-dessus *, peuvent être déclarés de bonne prise avec leurs Cargaisons.

§. V.

Quels sont les Navires Neutres qui peuvent être déclarés de bonne prise, mais dont les Cargaisons doivent être restituées ?

L'OBJET de cet Ouvrage n'étant point

(*) *Voyez* Tome I. Partie II. Chapitre I. §. 10. pages 192-194.

Tome II.   E

de traiter de la Navigation des Belligérans en général, ou de la Déclaration de
bonne prife rélativement à leurs Navires
en particulier, nous obfervons feulement
en paffant : Que quoique les Vaiffeaux
des Ennemis puiffent fans contredit être
déclarés de bonne prife par la Partie ad-
verfe, les Cargaifons doivent pourtant
en être reftituées aux Propriétaires ; au
cas que l'on prouve évidemment qu'elles
appartiennent en propre aux Sujets d'une
Puiffance Neutre & amie.

Les Droits de la Guerre autorifent fans
doute à nuire aux Ennemis & à faifir tout
ce qui leur appartient, là où les Loix des
Nations le permettent ; mais ils n'autorifent jamais à s'emparer des biens de fes
amis, dès que la propriété en eft fuffifamment avérée. La même raifon qui empêche que les Belligérans ne puiffent retenir comme prifonniers de Guerre les Sujets des Puiffances Neutres qui fe trouvent à bord d'un Navire ennemi en qualité de fimples paffagers, la même raifon doit auffi les empêcher de retenir
leurs effets, fimplement chargés fur un
tel Bâtiment : A moins qu'on ne foit convenu du contraire, par des Conventions
expreffes ou par des Traités formels ; ce

qui eſt le cas de pluſieurs Puiſſances maritimes de nos jours, comme nous le ferons
voir plus bas dans la ſeconde Partie de ce
Volume.

Pour ce qui régarde les Navires Neutres & leurs Cargaiſons, il eſt conſtant
qu’il n’y a que la violation de la Neutralité qui puiſſe en juſtifier la confiſcation ;
d’où il s’enſuit que *la Cargaiſon d’un Bâ-*
timent Neutre n’eſt pas toûjours dans le
cas de devoir être déclarée de bonne priſe,
quoique le Bâtiment même y ſoit.

Ainſi un Navire Neutre dont le Capitaine & l’Equipage s’oublient au point de
commettre des Actes d’hoſtilité contre
une des Parties Belligérantes, peut ſûrement être déclaré de bonne priſe ; cependant, s’il conſte par des preuves in-
dubitables que la charge d’un tel Vaiſſeau
n’appartient ni aux Ennemis, ni audit
Capitaine ou aux Propriétaires du Navire
dont il eſt le Répréſentant, au moins autant que la Navigation dure & qu’il en
garde le commandement ; mais qu’au
contraire cette charge appartient en propre à des amis, véritablement tels & par
état & par leur conduite : il n’eſt pas
douteux qu’une telle Cargaiſon ne doive
être rendue à ſes Propriétaires. Les Su-

jets des Puiſſances Neutres qui ſortent de leur caractére en négligeant les Devoirs de leur état, n'ont qu'à ſe l'imputer à eux-mêmes, s'ils en ſouffrent ; mais il ne faut pas que le juſte reſſentiment des Belligérans, offenſés par les actions criminelles de Gens indignes du nom de Neutres, frappe ceux qui ne font rien de contraire à leurs devoirs. C'eſt une Loi univerſelle de l'Humanité-même, qui défend d'étendre les punitions au-delà des têtes des coupables.

§. V I.

Quels ſont les Vaiſſeaux Neutres dont ni les Corps, ni les Cargaiſons, ne peuvent jamais être déclarés de bonne priſe, ſuivant le Droit des Gens primitif.

LES NAVIRES Neutres qui bien loin de commettre aucun acte d'hoſtilité contre les Belligérans, n'entreprennent ſeulement rien qui ſe rapporte directement, décidément & immédiatement à la Guerre & à ſes opérations, & qui d'ailleurs ne font point dans le cas de la Contrebande au premier Chef, tous ces Navires ne peuvent jamais être déclarés de bonne prife en vertu du Code Univerfel des Nations Souveraines, fous quelque prétexte que ce foit, & quelle qu'en puiffe être la traite ou la deftination. Car

Premiérement, ces Bâtimens ne bleffent point les Loix de la Neutralité dont la violation peut feule les rendre condamnables :

Sécondement, ils ne font qu'ufer de leurs Droits inconteftables, en naviguant, trafiquant & commerçant librement comme en temps de paix, & d'une maniére indépendante de la Guerre :

Troifiémement, la propre confervation & les befoins les plus preffans d'une Nation Neutre, rendent bien fouvent indifpenfable cette partie de fon commerce maritime que l'on voudroit lui contefter ; ce qui fait naître une raifon de plus pour que les Belligérans la laiffent jouir paifiblement de fes Droits à cet égard, en s'abftenant de s'approprier les denrées ou les effets qui en font l'objet ; à moins qu'ils ne la dédommageaffent pleinement du fruit de la traite. Sans un tel dédommagement, fouvent bien difficile à donner, les Neutres peuvent toûjours prétendre à une liberté entiére de leur Navigation innocente.

On convient qu'une telle Navigation & un tel Commerce peuvent quelquefois porter indirectement quelque préjudice aux affaires des Belligérans : Mais s'enfuit-il que ceux-ci soient pour cela seul autorisés à confisquer les effets, qu'un intérêt légitime & nécessaire ordonne aux Neutres de voiturer, ou de faire voiturer pour leur compte ? Seroit-il juste qu'un particulier, voyant qu'un autre particulier fait sa provision pour se garantir de la famine, s'emparât de la voiture qui la lui emméneroit, & s'en appropriât la charge ? par la seule raison que l'acquéreur a fait renchérir les denrées par sa concurrence ou par ses achats, & qu'il a ainsi porté indirectement quelque préjudice aux affaires du Saisissant en faisant sa provision, vû que ce dernier en a été obligé de payer plus chérement la sienne.

Répondre que tout cela est bon entre Citoyens & dans la Société Civile, mais non pas entre les Sociétés Souveraines & indépendantes qui, vivant dans l'état de nature les unes à l'égard des autres, ne consultent que leurs propres intérêts,

& qui ne sont point sujettes aux Loix particuliéres d'aucun Corps Politique ; répondre ainsi, dis-je, ce n'est point parler
raison, c'est déraisonner formellement.
Si les Nations Souveraines ne consultent
que leurs propres intérêts, & non pas la
Justice, avant que d'agir ; tant pis : C'est
précisément ce que le Droit des Gens
Universel leur ordonne de faire, & de
quoi il est question ici. Il est vrai que les
Peuples indépendans ou leurs Chefs ne
sont point soumis aux Loix Civiles entre
eux ; mais ils n'en sont pas moins toûjours & parfaitement sujets aux Loix naturelles, & tenus de faire ce qui est universellement juste.

La réplique, *qu'au bout du compte les
Nations Belligérantes ont la force en
mains, au moins pour le moment, &
qu'elles font bien de s'en servir suivant
leur convenance*, n'est ni bien entendue,
ni aucunement soûtenable. La Jurisprudence des Souverains ne s'occupe point
à discuter, quelle est l'étendue des forces
ou du pouvoir physique des Etats ? C'est
l'ouvrage de la Politique. Elle se borne
à déterminer les limites de leur pouvoir
moral ; c'est-à-dire, de leurs Droits. La
Loi des Nations n'enseigne pas ce qu'elles

font ou ce qu'elles peuvent, mais ce qu'elles doivent faire ou omettre, les unes à l'égard des autres. Comptant pour rien la puiſſance plus ou moins grande de chaque Peuple, elle leur enjoint à tous d'être juſtes ; ſoit qu'ils ſe gouvernent par eux mêmes, ou qu'ils aient à leur tête ces Hommes ſacrés, revêtus par eux du pouvoir immenſe de l'autorité ſuprême. Au reſte, répliquer de la ſorte, ce n'eſt autre choſe que ſe rejetter ſur l'opinion monſtrueuſe de la Guerre de tous contre tous ; opinion dont nous croyons avoir prouvé clairement la fauſſeté & l'inconſiſtance dans notre Ouvrage ſur l'Hiſtoire du Droit Naturel, où nous renvoyons nos Lecteurs. *

Il réſulte de ce que nous venons d'avancer, que les Vaiſſeaux Neutres ne ſont point confiſquables pour être dans le cas de la Contrebande *au ſécond Chef*, (†)

____

(*) *Voyez* mon *Eſſai ſur l'Hiſtoire du Droit Naturel*, publié en 1757 & 1758, ſous le titre de Londres, en deux Volumes *in-8°*, Tome II. §. V. pages 150-166, & ſur-tout depuis page 166 juſqu'à 178.

(†) *Voyez* ci-deſſus Tome I. Partie II. §. X. pages 194-196.

& que c'eſt un abus marqué dés Droits de la Guerre, quand des Belligérans ſe portent à déclarer de bonne priſe des Cargaiſons de cette eſpéce, ou, ce qui plus eſt, les Vaiſſeaux-mêmes qui en ſont chargés. Tout l'effet que la traite ou le tranſport de ces ſortes de choſes chez une des Parties Belligérantes par des Bâtimens Neutres, peut produire en faveur de l'autre, c'eſt de la juſtifier ſi, dans des momens critiques où il lui ſeroit pernicieux que des effets ſemblables parvinſſent aux Ennemis, elle faiſoit arrêter de pareils Bâtimens; ſauf à les rélâcher dans la ſuite & auſſitôt que le danger ſeroit paſſé, en les dédommageant pleinement du rétard de leur Navigation & des avanies occaſionnées par ce rétard : Ou ſi, en cas qu'il fût abſolument contraire à ſes intérêts preſſans que ceux de la Partie adverſe reçuſſent ce que nous appellons Contrebande de Guerre au ſécond chef, elle s'en emparoit & le gardoit pour ſon compte, en le payant exactement aux Traitans Neutres, & en les indemniſant de ce qu'ils pourroient perdre par la ſubſtitution d'une Vente non-prévue ou non-préméditée à des eṅga-

E v

gemens pris, ou à une traite de fpécula-
tion compliquée, arrangée & peut-être
fort avantageufe.

C'eft par ces raifons, & puifqu'enfin
les Navires, effets ou denrées dont il eft
queftion ici, fervent également pour les
opérations militaires comme pour les
befoins du Citoyen tranquille, que nous
leur avons donné le nom de Contrebande de Guerre au fécond chef : De
forte qu'en diftinguant ainfi deux Claffes
de Prohibé de ce genre, notre grand but
a été de faire fentir la différence qu'il y a
entre les chofes qui fe trouvent au pouvoir des Neutres & que les Etats Belligérans peuvent quelquefois faire arrêter,
fans pouvoir jamais les confifquer ; &
celles qu'ils font en droit de faifir & de
déclarer de bonne prife. Cette diftinction eft d'autant plus néceffaire, que fans
elle on ne parviendra jamais à débrouiller
les idées confufes qui tiennent les efprits
en fufpens fur cette matiére ; comme
il paroîtra encore davantage dans la
fuite.

§. VII.

Objection. Réponse.

On nous objectera peut-être : « Que
» les Droits de la Guerre permettent ce-
» pendant aux Belligérans de nuire à leurs
» Ennemis, de les affoiblir, & d'empê-
» cher par conféquent tout ce qui pourra
» les fortifier ou les mettre en état de
» continuer la Guerre. Or, fi cela eft,
» *dira-t-on*, les Belligérans doivent fûre-
» ment être en droit de s'emparer de ce
» que nous appellons Contrebande de
» Guerre au fécond chef; puifque les
» chofes comprifes fous ce nom, peu-
» vent pourtant avoir du rapport à la
» Guerre, & fervir à la faire ; & que
» d'ailleurs, quoi qu'il en foit, le com-
» merce qu'en font les Neutres avec les
» Ennemis, fortifie toûjours ces derniers.»
Nous répondons :

1°. Que les Droits de la Guerre autorifent les Puiffances Belligérantes à
nuire à leurs Ennemis, mais non pas à
leurs Amis, ou aux Neutres véritablement tels ; & que dans le cas où elles
confifqueroient fans rétribution les chofes
dont nous parlons, ces derniers fe trou-

veroient non-feulement enveloppés dans la perte , mais ils deviendroient même la partie la plus fouffrante.

2°. Suivant notre axiome univerfel, les Droits de la Guerre n'ont aucune prife fur les Nations Neutres , & leurs rigueurs ne doivent jamais tomber fur les actions de ces Nations , que dans les cas où elles manquent réellement aux Devoirs effentiels de la Neutralité. Or ni l'une ni l'autre Loi de la Neutralité ne fe trouve bleffée par le commerce des chofes en queftion. Non pas la premiére , ou l'inaction entiére , à laquelle font obligées les Nations Neutres par rapport à la Guerre & à fes opérations ; parce que les chofes défignées fous le nom de Prohibé de Guerre au fécond chef , n'y ont pas une rélation directe , décidée & immédiate : Ni non plus la féconde , qui enjoint aux Peuples Neutres une impartialité parfaite à l'égard des Belligérans ; puifque ces Peuples font toûjours tous prêts à fournir également aux deux Parties Ennemies les objets du fufdit Commerce.

3° La troifiéme maxime fondamentale , établie ci-deffus §. II , & dont les preuves font évidentes , porte : *Que les Droits de la Guerre font toûjours limités*

par ceux de la paix , apparténans non-
feulement aux Puiffances Neutres , mais
fonciérement à toute Société humaine.
Or, qui eſt-ce qui niera que celui de faire
le Commerce de ſes marchandiſes ſoit du
nombre de ces derniers ? Peut-on donc
raiſonnablement en conteſter l'exercice
à des Nations Amies, tranquilles & im-
partiales ? Chaque pays a ſes productions
naturelles , & rien n'eſt plus juſte que de
permettre aux habitans qui vivent en paix
avec tout le monde , d'en tirer parti.
Comment peut-on donc défendre à une
Nation dont la contrée eſt, par exemple ,
abondante en mines de fer , de faire le
commerce de canons, de fuſils ou d'autres armes qui ſe fabriquent de ce métal ?
Et à quel titre prétend on qu'elle s'inter-
diſe des débouchés conſidérables pour
ſes marchandiſes ? Ne ſeroit-ce pas vouloir empiéter manifeſtement ſur ſes Droits
les plus inconteſtables, que de former de
pareilles prétentions ?

La réponſe qu'une telle Nation n'a
qu'à vendre ſon fer en barres , eſt peu
ſatisfaiſante. Car premiérement, il y a des
Etats Belligérans qui prétendent même
au Droit de déclarer de bonne priſe des
Cargaiſons de cette nature : & en ſécond

lieu, quand même l'on conviendroit de la liberté du Commerce du fer crû ou non-œuvré; qui nourriroit donc, en attendant que la Guerre finiſſe, toutes ces familles qui s'occupent de la fabrication & qui ne vivent que de la main d'œuvre? Peut-il jamais être juſte qu'un Etat laiſſe mourir de faim ſes Citoyens, pour procurer à un Peuple étranger la commodité d'écraſer ſon Ennemi plus à ſon aiſe?

On dit que la choſe eſt réciproque & que chaque Etat, étant en Guerre, jouira de ce Droit à ſon tour: Mais le parti n'eſt pas égal. Les pays dont les productions ne ſont point de Contrebande en temps de Guerre, auroient un avantage infini ſur ceux dont les matiéres premiéres ne ſont propres que pour en faire des armes. Les Nations qui habiteroient ces derniers, n'auroient preſque plus de commerce, ou ſi elles en avoient un, elles n'auroient qu'un commerce ruineux, dès qu'une Puiſſance Maritime s'aviſeroit de faire la Guerre à une autre. L'inégalité eſt d'autant plus grande, que les Contrées riches en Mines ou en Bois ſont pour l'ordinaire montagneuſes, & par cela même peu propres pour l'agriculture; de ſorte que leurs habitans doivent ſe procurer

les denrées de premiére néceſſité , en
échange de leurs Métaux ou de leurs Bois
de conſtruction : D'où il s'enſuit, qu'ils
s'expoſeroient à une famine certaine , s'ils
faiſoient ceſſer ou diminuer leur induſtrie
& leur Commerce naturel. Pour s'en convaincre on n'a qu'à faire une légere com-
paraiſon entre les Royaumes de France
& de l'Angleterre d'un côté , & ceux de
la Suéde & de la Norvége de l'autre.
Les deux premiers produiſent eux-mêmes
tout ce qui eſt néceſſaire pour la vie ; au
lieu que les deux derniers ont beſoin d'un
ſupplément conſidérable , au moins en
bleds , pour être en état de nourrir leurs
habitans : Supplément qu'ils ne ſçauroient
ſe procurer que par le moyen de la traite
de leurs bois, de leur fer, de leur cuivre
& d'autres métaux, & de ce qui s'en fabrique.

§. VIII.

Difficulté. Moyen de la léver.

» AVEC tout cela, *nous dira-t-on* , la
» difficulté ſubſiſte toûjours en partie. On
» convient de ce qui a été dit en faveur
» du Commerce des Neutres & de la Neu-
» tralité : Mais on doit également conve-

» nir du pouvoir moral des Belligérans
» qui fait l'appanage de l'état de Guerre.
» Il y a toûjours une espece de contradic-
» tion entre les Droits de la Guerre, en
» vertu desquels les Belligérans peuvent
» empêcher que leurs Adversaires ne
» soient fortifiés, ce qui se fait par le
» fournissement des choses comprises sous
» le nom de Contrebande de Guerre au
» sécond chef; & les Droits de la paix
» ou de la Neutralité, qui autorisent ceux
» qui la professent, à commercer, ven-
» dre & transporter librement leurs den-
» rées où bon leur semble, à moins que
» les Loix de la Neutralité ne s'y oppo-
» sent absolument. Cette contradiction,
» *ajoutera-t-on peut-être*, est d'autant
» plus manifeste, que les effets sur les-
» quels roule la controverse, ne laissent
» pas de servir souvent, & pour la plû-
» part aux opérations militaires, quoique
» leur usage soit en partie problématique
» & indécis; & que d'ailleurs on ne peut
» pas disconvenir que les Droits de la
» Guerre ne bornent & ne modifient en
» quelque façon à leur tour ceux de la
» paix ou de la Neutralité. »

Avant que d'expliquer les moyens
propres pour lever cette difficulté, nous

obfervons qu'elle feroit nulle, fi les chofes dont le commerce eft ici en conteftation, n'étoient d'aucun ufage dans les en-
treprifes guerriéres, puifqu'alors elles ne
feroient pas feulement un objet des Loix
de la Neutralité. Mais comme c'eft précifément parce qu'il faut convenir du
contraire, & parce qu'elles font en grande partie, pour le moins, auffi néceffaires
en temps de guerre qu'en temps de paix,
que nous leur avons donné la dénomina-
tion de Prohibé de Guerre au fécond
chef; il faut auffi convenir du fait, fçavoir, qu'il paroît y avoir en quelque
forte une oppofition entre les Droits de
la Guerre & ceux de la Neutralité, rela-
tivement à la branche du Commerce des
Nations Neutres qui les concerne : Quoique cette oppofition foit bien moins em-
baraffante qu'on ne l'imagine.

Pour la faire difparoître, nous pren-
drons encore pour bafe de notre raifonnement notre Axiome univerfel ou les
Loix de la Neutralité, & pour régle la
quatriéme Maxime fondamentale, établie
ci-deffus §. II, & ratifiée par la droite
Raifon. En vertu des premiéres, *les Neutres font obligés à une impartialité parfaite à l'égard des deux Parties Belligé-*

rantes ; & suivant la féconde, *l'Equité naturelle*, *le Bien commun de l'Humanité*, *& par conféquent le Droit des Gens Univerſel veulent que*, *quand il y a conflit entre les Droits de la Guerre & ceux de la paix*, *on ſaiſiſſe le tempérament le plus propre pour lever l'oppoſition*, *en aſſûrant aux Neutres & aux Belligérans ce qu'il y a de plus eſſentiel dans l'exercice & dans le but de tous ces Droits.*

La combinaiſon de ces deux principes, également inconteſtables, fait lever totalement la difficulté propoſée ; indique tout naturellement, & ſans que l'on ait beſoin d'aucune ſubtilité, le tempérament déſiré ; fixe les Droits & les Devoirs de part & d'autre ; & fait ainſi éclore une Loi des Nations qui eſt obligatoire pour tout le monde, parce qu'elle eſt juſte, raiſonnable & conforme aux premiers principes du Code de l'Humanité. C'eſt ce qu'il faut que nous prouvions.

§. I X.

Explication.

LA CONTRADICTION qui paroît avoir lieu entre les Droits de la Guerre & ceux de la paix, par rapport au commerce des chofes que nous défignons par le nom de Contrebande de Guerre au fécond chef, confifte en ce que les Droits de la Guerre autorifent les Belligérans à empêcher que leurs Ennemis ne reçoivent des renforts qui les miffent en état de continuer la Guerre, & par conféquent les Vaiffeaux & effets en queftion qui, en grande partie, font très-propres pour la faire ; & que d'un autre côté les Droits de la paix, ou les Droits naturels de toute Société Souveraine, permettent aux Neutres de commercer & tranfporter librement leurs denrées par-tout où bon leur femble, à moins que les Loix de la Neutralité ne s'y oppofent abfolument & directement ; ce qu'elles ne font qu'à l'égard de ce que nous appellons Prohibé de Guerre au premier chef.

Si ces différens Droits devoient s'exercer à toute rigueur, la contradiction mentionnée feroit réelle, il deviendroit impoffible de la léver, & le Droit des Gens primitif fe trouveroit en conteftation avec lui-même. Ce qu'il feroit abfurde d'imaginer. La Légiflation Univerfelle des Peuples eft celle de la Raifon. C'eft donc à la Raifon de trouver une modification équitable de fes arrêts, & d'indiquer un moyen qui fasse disparoître le contraste qu'ils présentent à l'égard de notre objet, sans que les deux Parties soient privées de ce qu'il y a de plus essentiel dans l'exercice & dans le but de leurs Droits respectifs.

Le but essentiel des Droits de la Guerre en question, est d'autoriser les Belligérans à empêcher que leurs Ennemis ne reçoivent les Bâtimens ou Cargaisons dont il s'agit ici ; & celui des Droits de la paix qui leur sont opposés, est de mettre les Neutres à même d'exercer leur commerce & leur industrie, en vendant leurs denrées ou en les échangéant contre celles dont ils peuvent avoir besoin. Avec cela les Belligérans sont strictement obligés à traiter amiablement les Neutres, & ceux-ci à être impartiaux à l'égard des deux Parties Belligérantes : D'où il s'ensuit, que chacun fera ce qu'il doit & qu'il n'y aura plus de contestation ; *Si les Belligérans saisissent les Bâtimens Neutres qui se trouvent dans le cas de la Contrebande de Guerre au second chef ; s'ils relâchent incontinent les Navires & leurs équipages ; & s'ils en gardent les Cargaisons pour leur compte, en les payant exactement aux propriétaires & en les dé-*

*dommagéant pleinement du changement
de leur traite & du préjudice qui pourroit
leur en revenir.* De cette façon les Ennemis ne recevront point les Cargaiſons
litigieuſes, & l'on ſatisfera au but eſſentiel de la Navigation & du trafic des
Neutres.

Pour ce qui concerne les rétours,
qui ſouvent n'engagent pas moins à une
traite que l'envoi de la Cargaiſon,
comme les Belligérans indemniſeront les
Neutres de tout préjudice que le changement de deſtination pourra apporter
à leurs affaires, leurs Navires ſeront toujours à même d'aller les chercher chez
l'autre Ennemi, s'ils ne trouvent pas de
quoi ſe ſatisfaire ſur ce ſujet, dans les
pays de la Partie adverſe où ils auront
été conduits.

Cet expédient ou tempérament eſt
d'autant plus juſte & conforme au Droit
des Gens, qu'il ſe trouve fondé
ſur l'impartialité, enjointe aux Neutres
par les Loix de leur Etat. Si les Belligérans trouvent, qu'ils payeroient trop
cher l'avantage de priver leurs Ennemis
du ſecours des effets en queſtion, par
les frais quelquefois peut-être exorbitans,
que le payement & l'indemniſation des

Neutres exigeroient, ils font toujours les Maîtres ou de le faire, ou de laiffer paffer lefdits effets, fuivant qu'ils le jugeront à propos, après avoir confulté leurs propres intérêts : Car on n'eft pas toujours obligé à exercer fes Droits. Mais quoi qu'il en foit, *ils ne pourront jamais confifquer ou déclarer de bonne prife des Cargaifons de cette nature, & encore moins les Bâtimens qui les portent, en vertu d'aucune Loi naturelle.*

§. X.

Temps où doit ceffer toute Déclaration de bonne prife.

ON DEMANDE : Quel doit être le fort d'un Bâtiment Neutre, confifcable pour avoir enfraint les Loix de la Neutralité; mais faifi après la fignature de la Paix ou d'une Tréve générale, & avant que les Vaiffeaux de Guerre ou Armateurs qui étoient en courfe, ayent eu connoiffance de cette fignature ?

Cette queftion fe réduit à celle-ci[1] : *Quand eft-ce que doit ceffer toute Déclaration de bonne prife ?* La réponfe eft affez fimple. La confifcation des Bâtimens Neutres ou Ennemis dont nous parlons, n'ayant lieu qu'à caufe de la Guerre & par rapport à elle, toute Déclaration de bonne prife devient illégitime, dès le moment même que la Guerre ceffe par la conclufion d'une Paix ou d'une Tréve générale ; parce que l'effet doit ceffer dès que la caufe ne fubfifte plus.

Si les Parties Belligérantes en conviennent autrement ; à elles permis ; en tant que cette convention régarde réciproquement leurs propres Navires : Mais comme elles ne fçauroient contracter que pour elles, & non pas pour les Nations Neutres, celles-ci font toujours en droit de s'en tenir à la régle générale qui porte, que les Devoirs de la Neutralité deviennent nuls, dès que la Neutralité elle-même n'exifte plus. Or la Neutralité eft anéantie dès que la Guerre l'eft ; & celle-ci à fon tour dès que la Paix eft fignée. Un Bâtiment Neutre n'eft jamais confifcable que pour avoir violé les Loix de la Neutralité : Or on ne fçaura violer des Loix qui ont difparu avec l'état même auquel elles fervent de régles.

Il eft vrai que les Vaiffeaux de Guerre ou Armateurs ne font point coupables pour avoir faifi, après la conclufion du

Traité, un Bâtiment Neutre qui se trouve dans le cas de la Saisie, s'ils ignoroient ladite conclusion : Mais il ne s'ensuit point que l'on doive confisquer à leur profit une telle capture. On doit au contraire, la relâcher sans délai, comme n'ayant plus de Juge ; puisqu'il n'y a plus de Loix qui la régardent.

Les Bâtimens des Ennemis mêmes, pris après la Signature de la Paix, sont naturellement libres ; à moins que les Parties contractantes n'en disposent autrement par une convention positive ; à plus forte raison doivent l'être, après cette époque, les Navires des Amis, ci-devant nommés *Neutres*.

Ce qu'objectent les partisans de l'avis contraire, est trop peu conséquent pour invalider le nôtre. « Les Vaisseaux » de Guerre ou Armateurs, *dit-on*, » sont autorisés par leurs Patentes à » s'emparer des biens de l'Ennemi & » de ceux qui franchissent les bornes de » la Neutralité, & pendant tout le temps » que la Signature de la Paix leur demeure inconnue, ils sont en droit de » continuer leurs courses ; c'est pour ce » but que leurs Lettres de Marque leur » ont été données, qui, par conséquent,

» doivent

» doivent avoir leur entier effet jufqu'à
» ce que leur Souverain les révoque :
» Cette révocation eft une Loi pour eux ;
» mais qu'ils ne fçauroient enfreindre,
» tandis qu'ils ignorent fon exiftence ou
» fa réalité.

Ce raifonnement eft affez jufte en lui-
même ; mais il ne s'enfuit jamais autre
chofe en faveur des fufdits Vaiffeaux armés, finon, qu'ils ne font point punif-
fables pour avoir faifi des Bâtimens après
la conclufion de la Paix. Car, au refte,
il eft inconteftable qu'ils ont agi contre
l'intention des Puiffances contractantes qui, fi elles ont été de bonne
foi, comme il faut le fuppofer, ont fans
contredit voulu, en fignant le Traité
ou les Préliminaires d'icelui, faire ceffer
dès le moment même, toutes les hof-
tilités, & rétablir la tranquillité de la
Navigation & du Commerce de leurs
Sujets refpectifs, comme des autres Nations qui n'ont pas été Parties Belligérantes. C'eft ainfi qu'en décide la nature
même de toute pacification.

Si, au refte, les Armateurs fouf-
frent quelque perte pour avoir été en
courfe fur la parole de leurs Supérieurs,

& en vertu de leur Commiſſion, ſans profiter de leurs captures ; c'eſt à leur Souverain de les indemniſer, & non pas aux Nations Neutres & Amies, qui n'ont pas beſoin d'entrer dans ce détail économique d'un Etat étranger.

Fin de la premiére Partie.

DE LA SAISIE

DES

BATIMENS NEUTRES,

OU

DU DROIT QU'ONT LES NATIONS

Belligérantes d'arrêter les Navires des Peuples Amis.

TOME SECOND.

SÉCONDE PARTIE,

Qui traite de la Saisie desdits Bâtimens, suivant le Droit des Gens Conventionnel ; ou selon la téneur des Traités qui subsistent entre plusieurs Puissances Modernes.

Fundamentum est autem Justitiæ fides : id est, dictorum conventorumque constantia, & veritas. . . . Credamusque quia *fiat* quod dictum est, appellatam *Fidem.* CICERO. *De Officiis*, L. I. cap. VII.

DE
LA SAISIE
DES
BATIMENS NEUTRES,
O U
Du Droit qu'ont les Nations Belligérantes d'arrêter les Navires des Peuples Amis.

TOME II. SÉCONDE PARTIE.

AVANT-PROPOS.

LES Droits & les Devoirs mutuels des Peuples en corps, ou des Nations libres & indépendantes, font ou UNIVERSELS, ou PARTICULIERS ; c'eft-à-dire, ils font fondés, ou directement fur la Loi commune à tous les Humains , & par conséquent à toutes les Sociétés Souveraines ; ou sur les propres engagemens exprès de ces Sociétés, & ainsi indirectement sur le Code de l'Humanité.

Les Obligations où se trouvent réciproquement les Etats Civils, les uns à l'égard des autres, en conformité de leurs Traités ou de leurs Conventions, peuvent être distinguées en Obligations SIMPLES, & en Obligations DOUBLES ou COMPOSÉES. Les *Premiéres*, font celles qui, étant uniquement l'ouvrage de la Négociation & un effet des Contrats politiques, n'existeroient pas, si elles n'avoient pas été créées par un consentement mutuel des Parties, & si elles n'étoient pas appuyées sur la foi donnée des Contractans dont l'observation doit être inviolable. Les *derniéres*, au contraire, font celles qui naissent, non-seulement des engagemens pris formellement par les Peuples, mais encore du fonds même de l'essence humaine ; c'est-à-dire, nous entendons ici par *Obligation composée* cette nécessité morale d'agir ou de ne pas agir d'une certaine façon, qui étoit déja toute existante en vertu du Droit Naturel, indépendamment de tout arrangement humain, & avant qu'il fût jamais question d'en faire un objet des Conventions expresses ; de sorte que les Etats contractans ne font que la réconnoître formellement en s'engageant dans leurs Traités à observer ces sortes d'Obligations, ou en les adoptant par leurs Stipulations politiques.

Ces principes ne sont pas moins applicables aux Conventions qui concernent l'exercice des Droits de la Guerre, la Navigation & le Commerce des Nations Neutres, qu'à tous les autres Traités justes & légitimes des Corps Politiques ; comme il paroîtra par l'usage que nous en ferons dans la suite de cette derniére Partie de notre Ouvrage, qui sera employée à faire connoître, *quelles font, suivant le Droit des Gens Conventionnel, les Obligations, ou les Droits & les Devoirs, des Puissances Belligérantes & de celles qui demeurent Neutres, par rapport à la Navigation & au Commerce Maritime de ces derniéres ;* surtout en tant que lesdites Obligations regardent la Saisie de leurs Navires.

Pour procéder plus réguliérement, nous diviserons toute cette Partie en *six* Chapitres.

Le P REMIER aura pour objet la

Saisie des Bâtimens Neutres en général, selon le Droit des Gens Conventionnel ; ou la Disposition de quelques Traités au sujet de la liberté du Commerce & de la Navigation des Peuples Neutres en temps de Guerre.

Le SÉCOND Chapitre fera voir, de quelle façon plusieurs Contrats Politiques déterminent le Prohibé ou la Contrebande de Guerre.

Le TROISIÉME expliquera les Droits . du Pavillon Neutre , en faisant connoître si , & jusqu'où , quelques Conventions expresses des Souverains lui accordent la faculté de couvrir, ou de mettre à l'abri de Saisie , la Cargaison du Navire.

Le QUATRIÉME fera le récit des Stipulations formelles , qui sont rélatives à la Visite des Bâtimens Neutres.

Le CINQUIÉME nous apprendra ce qui est juste, selon la téneur des Traités , à l'égard du Jugement & du Procès des Prises Neutres. Et enfin

Le SIXIÉME Chapitre rendra compte de la volonté conventionnelle & expresse de plusieurs Souverains Contractans, rélativement à la Déclaration de bonne Prise, en tant qu'elle concerne les Captures maritimes, faites sur des Nations Neutres.

CHAPITRE I.

De la Saisie des Batimens Neutres en général, suivant le Droit des Gens Conventionnel.

SOMMAIRE.

§. I. *Avis préalable.* §. II. *Idée du Droit des Gens Conventionnel.* §. III. *De la Liberté du Commerce Maritime des Etats Neutres, suivant le Droit des Gens Conventionnel.* §. IV. *Continuation.* §. V. *Cas où les Bâtimens Neutres sont saisissables, suivant la téneur de plusieurs Traités.* §. VI. *Cas où les Navires Neutres doivent être à couvert de Saisie, suivant la disposition de quelques Contrats politiques.*

F v

§. I.

Avis préalable.

JUSQU'ICI nous avons examiné, ſuivant les Arrêts du Droit des Gens Primitif & Univerſel, la Saiſie des Bâtimens Neutres, ou le pouvoir moral qu'ont les Nations Belligérantes d'arrêter les Navires de leurs Amis. Nous en traiterons maintenant ſuivant le Droit des Gens Sécondaire & Conventionnel, ou ſélon la téneur des Traités de Paix, d'Amitié, d'Alliance, de Commerce ou de Navigation, qui ſubſiſtent entre pluſieurs Puiſſances Modernes. Non pas que nous ayons le deſſein de ſuivre en détail tous les Articles de ces différens Traités qui ſe rapportent à cet objet, ni même de mentionner toutes ces Conventions particuliéres, ou d'en donner des Extraits. Une telle entrepriſe exigeroit des Volumes, s'il faloit l'exécuter dans toute ſon étendue; & d'ailleurs ces Contrats politiques étant entre les mains de tout le monde, chacun eſt à même de les conſulter quand il le juge à propos. Notre but eſt bien moins de faire un récueil des Stipulations rélatives aux Priſes Neutres, que de faire voir, en en alléguant quelques-unes qui nous paroîtront les plus intéreſſantes, juſqu'où les Conventions poſitives des Puiſſances Maritimes, ſe trouvent conformes aux Loix univerſelles des Sociétés Souveraines par rapport à ces Priſes, & juſqu'où, par conſéquent, leſdites Loix ont été réconnues & avouées publiquement & ſolemnellement par les Gouvernemens mêmes des Peuples commerçans & navigateurs.

Mais avant que de ſatisfaire à cet objet, la clarté & la préciſion que nous voudrions répandre ſur toute cette matiére, nous engagent à dire au préalable quelques mots de ce que nous appellons *Droit des Gens Conventionnel.*

§. II.

Idée du Droit des Gens Conventionnel.

Nous entendons par Droit des Gens Conventionnel, *l'aſſemblage des régles obligatoires, fondées ſur les engagemens pris par des Etats Souverains, ou par leurs Chefs, & faites pour diriger la conduite réciproque des Parties Contractantes.*

Cette notion du Code poſitif & particulier des Peuples indépendans, fait aſſez connoître que les Parties compoſantes du Droit des Gens Conventionnel ne ſont point des véritables Loix, & ne portent ce nom que fort improprement. Une *Loi* véritablement telle eſt une régle obligatoire, promulguée par un Souverain légitime, & accompagnée d'une Sanction convenable. Or, il eſt conſtant que les Etats libres, ou les Dépoſitaires de leur Souveraineté, ne réconnoiſſent & ne doivent réconnoître ſur la terre aucune Puiſſance humaine audeſſus de la leur ; qu'ils n'ont aucun Légiſlateur ou Supérieur commun qui leur dicte les Articles de leurs Traités, qui les oblige directement à les obſerver, ou qui tienne la main à leur obſervation par le moyen de quelque Sanction poſitive. Ainſi la ſeule conſidération qui peut faire enviſager les régles du Droit des Gens Conventionnel comme des Loix, c'eſt qu'elles s'appuyent en dernier reſſort ſur une Loi naturelle qui ordonne que l'on ſoit fidéle à ſes engagemens ; & c'eſt ce qui les rend obligatoires.

Les maximes du Droit des Gens Conventionnel ſont donc fondées ſur les engagemens des Puiſſances indépendantes ; & ces engagemens ſe prennent par le moyen des Contrats politiques qu'on nomme *Traités , Conventions* ou *Capitulations.* Par conſéquent , la nature des Contrats en général décide de la légitimité , de la validité , de la durée , de la violation que l'on appelle *infraction ,* & enfin de l'obligation qu'emportent les Traités des Souverains.

Le Droit des Gens Conventionnel eſt un Droit des Gens *Sécondaire , Poſitif* & *Particulier.*

Il eſt SÉCONDAIRE , parce qu'il ne réſulte point directement comme le Droit des Gens Univerſel, de la nature , de l'eſſence même, des Sociétés Civiles. Il n'eſt point un effet immédiat de l'Union de pluſieurs ſous un Chef, pour l'avantage commun ; & l'obligation qu'il emporte n'a lieu , pour m'exprimer ainſi , que par le moyen d'un détour. Elle ſe replie d'abord ſur le Droit des Gens Univerſel, & en dernier reſſort elle s'appuie ſur l'Arrêt du Droit de la Nature , qui enjoint à tout le monde de tenir exactement la parole donnée & d'être fidéle à ſes engagemens.

Tout cela n'empêche cependant pas

que le Droit des Gens Conventionnel
ne foit parfaitement obligatoire. La foi
des Traités doit être inviolable, quand
même une des Parties conrractantes en
feroit fujette à quelques inconvéniens
plus que l'autre. La faine Politique doit
leur apprendre, s'il convient d'admettre ou non les articles projettés, s'il
faut foufcrire ou non aux conditions pro-
pofées. Leur convenance ou leur difcon-
venance avec le Bien de l'Etat, doivent les faire recevoir ou rejetter. Mais
dès que les propofitions font une fois
agréées & ratifiées, la Légiflation univerfelle de l'Humanité ordonne de les
obferver réligieufement.

Le Droit des Gens Conventionnel eft
un Droit des Gens POSITIF ; parce que
ce font proprement les actions indifférentes en elles-mêmes, ou moralement
indifférentes, qui forment l'objet de fes
maximes, & que par conféquent fes
Loix ne réfultent point immédiatement
de la nature des chofes ; mais, qu'au
contraire, elles font dictées en termes
clairs & précis, par ceux qui font les
Conventions, ou qui prennent enfemble quelque engagement.

Quand nous difons que les actions

moralement indifférentes forment proprement l'objet des régles du Droit des
Gens Conventionnel, nous diftinguons
les Articles des Traités qui ne font qu'une
modification ou une confirmation des
Loix du Droit des Gens Primitif, d'a-
vec ceux que les feuls befoins actuels,
ou les deffeins particuliers des Etats contractans, font naître. Les premiers font
déja obligatoires en vertu de la juftice
univerfelle, & les Parties contractantes,
en les faifant inférer dans leurs Conventions, les font feulement réconnoître
par-là, & s'en affûrent les effets par un
aveu formel de leur force obligatoire,
toujours exiftante, toujours indépendante de tout arbitrage humain. Ces
articles ne font donc point l'objet propre
& particulier du Droit des Gens Conventionnel. Il en eft bien autrement de
ceux de la féconde efpéce. Ils ne feroient
point des régles obligatoires, fi l'on
n'en étoit pas convenu. C'eft la feule
volonté des Parties, ou le confentement des Contractans, qui les érige en
quelque façon en Loix. Or, cette volonté fe faifant connoître par des Stipulations expreffes, il s'enfuit : que le
Droit des Gens Conventionnel, pro-

prement ainſi nommé, eſt un Droit des Gens Poſitif.

On ne ſçaura nous conteſter la *particularité* du Droit des Gens Conventionnel. Ce Code ſécondaire des Etats Souverains eſt un Code PARTICULIER ; parce que , de l'aveu de tout le monde, ſes maximes n'obligent & ne peuvent obliger que les Parties contractantes , en tant qu'elles ne ſont fondées que ſur les Traités , & à moins qu'elles ne ſoient des ſimples répétitions des Loix de l'Humanité. Il eſt conſtant qu'il y a bien des Nations Souveraines qui n'ont jamais fait des Conventions enſemble, & qu'il n'y a aucun Traité qui leur ſoit commun à toutes. Ainſi , les engagemens de quelques Peuples ne pouvant pas ſervir de régles obligatoires de conduite aux autres , il eſt inconteſtable que le Droit des Gens Conventionnel eſt un Droit des Gens Particulier.

On s'apperçoit aiſément par ce qui a été dit, combien le Droit des Gens Conventionnel différe de celui qui eſt Primitif & Univerſel, eu égard à leur étendue, auſſi - bien qu'à leur durée. Celui-là n'a proprement pour objet que les actions naturellement indifférentes ,

& il n'oblige que les Peuples qui ont pris quelque engagement enſemble : Celui-ci, au contraire, regarde toutes les Nations Souveraines du monde, connues ou inconnues. Le premier ſe trouve reſſerré dans les bornes de la Négociation ; le dernier s'étend auſſi loin que l'idée de la Société Civile. Au reſte, les Traités qui compoſent le Droit des Gens Conventionnel ne ſont obligatoires que juſqu'à ce qu'ils ſoient enfraints, ou déclarés nuls, par les Parties Contractantes ; au lieu que les oracles du Droit des Gens Univerſel ſont toujours en vigueur. Qu'ils ſoient négligés ou qu'ils ne le ſoient pas, ils n'en ſont pas moins obligatoires, & leur autorité ne ceſſera d'avoir ſon plein & entier effet, que quand les hommes ceſſeront de vivre en Société.

Après ces obſervations générales ſur la nature du Droit des Gens Conventionnel, nous examinerons maintenant ; *quelles ſont les diſpoſitions de pluſieurs Traités modernes, au ſujet de la Saiſie des Bâtimens Neutres ?* & juſqu'où par conſéquent, les Stipulations de ces Traités ſe trouvent d'accord, rélativement audit objet, avec les Arrêts de la Légiſlation Univerſelle des Peuples ? Nous fuivrons, ou plutôt nous répéterons, dans cette Partie environ le même ordre des matiéres, auquel nous nous fommes affujettis jufqu'ici dans le cours de cet Ouvrage, en difcutant le Droit des Nations Belligérantes, par rapport aux Prifes Neutres, felon le Droit des Gens Univerfel.

§. III.

De la Liberté du Commerce maritime des Etats Neutres, fuivant le Droit des Gens Conventionnel.

LE TRAITÉ de *Commerce*, Navigation & Marine entre le DANEMARC & la FRANCE, conclu à Copenhague le 23 Août 1742, ratifié dans cette Capitale le 12 Novemrbe, & à Verfailles le 10 Octobre de la même année, ne fait pas moins d'honneur à l'équité qu'à l'intelligence des Puiffances Contractantes. C'eft un de ces Traités rares, où les Intérêts & les Droits des Nations font également ménagés. Il ne fut fait d'abord, fuivant le huitiéme Article, que pour le temps de quinze années, expirées le 23 Août 1757; mais il fub-

fifte toujours , en attendant qu'on le re-
nouvelle formellement , en vertu d'une
Convention particuliére arrêtée entre les
deux Cours il y a plufieurs années.

Ce Traité avoue & confirme de la
maniére la plus pofitive, la grande maxime générale de la Jurifprudence naturelle des Souverains , au fujet de la Liberté du Commerce & de la Navigation des Neutres véritablement tels ; maxime qui a été établie & foutenue par
le raifonnement au commencement de
cet Ouvrage. Elle porte que le Commerce & la Navigation des Nations Neutres , doivent être libres en temps de
Guerre, fur le même pié qu'en temps
de Paix ; fans que cette liberté fouffre
d'autre modification que celle qui naît
de la nature même de la Neutralité.

C'eft ainfi qu'en décident le Droit
des Gens Univerfel & le XXe Article
du Traité de Commerce fufmentionné entre le Roi & le Roi de France. Le voici :

» Les Sujets du Séréniffime Roi
» Très - Chrétien, & les Habitans de
» fes Royaumes , pourront aller libre-
» ment dans tous les Royaumes, Pro-
» vinces, Etats & Ports qui font en
» Alliance & Amitié ou Neutralité avec

» la France, & y exercer leur Trafic,
» fans y être inquiétés & fans recevoir
» aucun empêchement de la part des Su-
» jets du Séréniſſime Roi de Danemarc
» ou des Navires, tant du même Roi
» que de ſes Sujets, quels que ſoient les
» mêmes Navires, & quelque différend,
» inimitié ou *même Guerre ouverte* qu'il
» arrive entre le Séréniſſime Roi de Da-
» nemarc & les mêmes Royaumes, Pro-
» vinces, Etats & Ports qui ſont ou qui
» ſeront en Alliance, Amitié ou Neu-
» tralité avec la France; ce qui s'obſer-
» vera réciproquement de la part du Roi
» Très - Chrétien envers les Sujets du
» Roi de Danemarc. Il a été en outre
» convenu que de part & d'autre la Li-
» berté de la Navigation doit être tel-
» lement étendue, que dans le cas où
» l'un des Séréniſſimes Contractans vien-
» droit à ſe trouver en Guerre contre
» d'autres Etats, les Sujets de l'autre Sé-
» réniſſime Contractant, ne laiſſeront pas
» de pouvoir naviguer librement & ſûre-
» ment, *comme avant la Guerre*, ſoit
» en partant de leurs Ports ou d'autres
» Ports Neutres, pour aller à un Port
» Ennemi de l'un des Séréniſſimes Con-
» tractans, ou d'un Port Ennemi à un

» autre Port ennemi, fans qu'en allant ou
» en revenant, il puiffe leur être apporté
» aucun trouble ni empêchement. On en
» *excepte* néanmoins le cas où le Port
» dans lequel ils voudroient entrer, fe-
» roit actuellement *affiégé* ou *blôqué* du
» côté de la mer.

Cet Article qui eft d'une vérité &
d'une clarté admirable, a encore un autre mérite. Il finit par prévenir toute
conteftation qui pourroit furvenir au fujet
des Ports qui doivent être cenfés blôqués ; conteftation dont le Droit des
Gens Univerfel ne fçaura décider avec
la même précifion.

» Et afin, *y eft-il dit*, de lever toute
» équivoque fur ce qui eft entendu par
» cette exception, il a été convenu que
» nul Port ne doit être réputé blôqué,
» fi l'entrée n'en eft fermée du moins
» par deux Vaiffeaux du côté de la mer,
» ou par une Batterie de canons du côté
» de la terre ; de maniére que les Na-
» vires ne puiffent y entrer fans un dan-
» ger manifefte.

La Difpofition du XXX.e Article du
même Traité, eft d'autant plus fage &
équitable, qu'elle remédie à un abus

manifeſte des Droits de la Guerre, dont la liberté de la Navigation qui compéte aux Nations Neutres, ne ſouffre que trop ſouvent. Quiconque ſçait combien les *Embargo*, que les Etats maritimes & Belligérans ont coûtume de mettre, dans de certaines occaſions, indiſtinctement ſur tous les Navires qui ſe trouvent dans leurs Ports, gênent la traite des Navigateurs Neutres & les forcent quelquefois à agir, malgré eux, contre les Loix de leur Etat, conviendra de la dureté de cet uſage, & de la juſtice qu'il y a à le proſcrire, comme le fait l'article allégué, en ces termes :

» Aucun des Navires, tant Marchands
» que de Guerre, qui ſe trouveront dans
» les Ports de l'un des deux Rois, ne
» ſera contraint de ſervir ni en Guerre,
» ni au tranſport de quoi que ce ſoit,
» ſans le conſentement vû du Roi, ou
» de l'Habitant, ou du Maître auquel il
» appartiendra, quoi que le Capitaine
» y eût conſenti.

Cette ſtipulation eſt aſſez intelligible pour le fonds ; mais la modification que l'on y ajoûte, paroît avoir beſoin d'une plus grande clarté. Cette obſervation

n'échapera probablement pas à la pé-
nétration des Puiſſances Cantraᴄtantes ,
quand il ſera queſtion de rénouveller le
Traité en forme. Elles ſont trop éclai-
rées & de trop bonne foi , pour ne pas
mettre la derniére préciſion dans leurs
Conventions. Les expreſſions de la Diplomatique des Souverains ne ſçauront
être trop préciſes.

Le XXXIe Article achéve enfin d'aſ-
ſûrer réciproquement aux deux Nations,
la Liberté entiére de leur Commerce
maritime en temps de Guerre.

» Les Maîtres & Capitaines de Na-
» vires , *dit-il*, les Pilotes, les Soldats
» & les Matelots , & autres Gens de
» Marine, même les Navires , les Mar-
» chandiſes & les Biens dont ils ſeront
» chargés , ne pourront être arrêtés &
» ſaiſis en vertu d'aucun mandement ou
» général, ou particulier, & pour aucune
» cauſe que ce ſoit, non pas même ſous
» prétexte *de vouloir s'en ſervir pour la*
» *conſervation & défenſe du Royaume;*
» & généralement aucune choſe ne pour-
» ra être priſe aux Sujets de l'une ou de
» l'autre Coᴜronne , que *du conſente-*
» *ment* de ceux à qui elle appartiendra,
» & en leur payant ſa juſte valeur. » On

excepte dans la suite, comme de raison, les Saisies ou Arrêts de Justice, à cause des dettes personnelles, & autres raisons semblables.

CE QUI a été stipulé par ces deux derniers Articles du Traité du DANE-MARC avec la France, se trouve également & plus amplement arrêté entre cette première Monarchie & la République de GÉNES, par les Articles XXVIIIe & XXIXe du Traité perpétuel de Commerce qui subsiste entre ces deux Etats depuis le 13 Mars 1756.

§. IV.

Continuation.

LE TRAITÉ perpétuel de Commerce & de Navigation, conclu à Madrid le 16 Avril 1748, entre le *DA-NEMARC & le Roi des DEUX-SICI-LES*, établit non-seulement la même Liberté du Commerce en temps de Guerre que celui fait avec la France ; mais il ajoûte encore une clause avantageuse à cette Liberté.

« Il sera permis, » *dit l'Article XVI de ce Traité*, « aux Sujets de l'un des » deux Rois Contractans, d'avoir & de
» continuer

» continuer leur Commerce avec les
» Ennemis de l'autre ; leur apporter,
» sans aucun empêchement, toutes sor-
» tes de Marchandises, à l'exception de
» celles qui sont de Contrebande : A
» moins que ce ne soit dans une Ville,
» Port ou endroit assiégé ; auquel cas il
» leur sera libre toutefois de vendre leurs
» Marchandises aux assiégéans, ou *de*
» *les aller vendre & porter en quelque au-*
» *tre Ville, Port ou endroit qui n'est pas*
» *assiégé.*

LA MÊME Disposition se trouve exactement répétée par le XVe Article du Tráité perpétuel d'Amitié, de Commerce & de Navigation, signé à Paris, le 13 Mars 1756, entre le DANEMARC & la République de GÉNES.

L'ARTICLE IXe du *Traité des PYRENÉES*, conclu entre la FRANCE & l'ESPAGNE, le 7 Septembre 1659, en l'Isle dite des Faisans, porte :

» Ne pourront d'un côté ni d'autre,
» les Marchands, Maîtres des Navires,
» Pilotes, Matelôts, leurs Vaisseaux,
» Marchandises, Denrées & autres Biens
» à eux apparténans, être arrêtés & sai-
» sis, soit en vertu de quelque Mande-
» ment général ou particulier, & pour

Tome II.   G

» quelque cause que ce soit, *de Guerre*
» ou autrement, ni même *sous prétexte*
» *de s'en vouloir servir pour la conserva-*
» *tion & défense du pays ;* & générale-
» ment, rien ne pourra être pris aux
» Sujets de l'un desdits Seigneurs Rois,
» dans les terres de l'obéissance de l'au-
» tre, que du consentement de ceux à
» qui il appartiendra, & en payant comp-
» tant ce qu'on désirera d'avoir d'eux. »
Ici l'on excepte, comme il convient, les
Saisies & Arrêts de Justice, pour dettes ou
autres causes valables & particuliéres.

L'Article suivant ajoûte : « Tous les
» Sujets du Roi Très-Chrétien pourront,
» en toute sûreté & liberté, naviguer &
» trafiquer dans tous les Royaumes, pays
» & Etats qui sont ou seront en Paix, Ami-
» tié, ou Neutralité avec la France, *sans*
» *qu'ils puissent être troublés ou inquié-*
» *tés dans cette liberté,* par les Navires,
» Galéres, Frégattes, Barques ou autres
» Bâtimens de Mer, apparténans au
» Roi Catholique, ou à aucun de ses Su-
» jets, *à l'occasion des hostilités qui se*
» *rencontrent ou qui pourroient se ren-*
» *trer ci-après,* entre ledit Seigneur Roi
» Catholique, & les susdits Royaumes,
» Pays & Etats, ou aucun d'iceux qui

» font ou feront en paix, amitié ou Neu-
» tralité avec la France.

L'Article XIe modifie enfin fagement la Liberté du Commerce Maritime, établie par les précédens. « Ce tranf-
» port & ce trafic, *dit-il*, s'étendra
» à toutes fortes de Marchandifes &
» Denrées, qui fe tranfportoient libre-
» ment & fûrement auxdits Royaumes,
» Pays & Etats, avant qu'ils fuffent en
» Guerre avec l'Efpagne : Bien entendu
» toutefois que, pendant la durée de la-
» dite Guerre, *les Sujets*, du Roi Très-
» Chrétien *s'abftiendront d'y porter Mar-*
» *chandifes de Contrebande.*

LES ETATS maritimes & commer-
çans par excellence font pour l'ordinaire les Traités de Commerce les mieux en-
tendus. Celui qui fut conclu à Paris le 28 Septembre 1716, entre *la FRANCE* & les *Villes ANSÉATIQUES*, Lubeck, Bremen & Hambourg, eft de ce nombre à plufieurs égards ; quoique l'inéga-
lité des Parties Contractantes y ait peut-
être fait admettre des claufes qu'une équité rigoureufe paroît profcrire. A l'égard de la Liberté du Commerce & de la Navigation en temps de Guerre, il y eft ftipulé par le VIIIe Article:

G ij

» Les Capitaines, Maîtres ou Patrons
» des Navires des Villes Anféatiques ;
» leurs Pilotes, Officiers, Mariniers,
» Matelots ou Soldats, ne pourront être
» arrêtés, ni les Navires détenus ou
» obligés à aucun fervice ou tranfport ;
» même les Denrées & Marchandifes
» ne pourront être faifies dans les Ports
» de France, en vertu d'aucun ordre
» général ou particulier, ni pour quel-
» que caufe que ce foit, quand il s'agi-
» roit de la défenfe de l'Etat ; fi ce n'eft
» du confentement des intéreffés ou en
» payant.

Le XIIIe Article du même Traité
conftate encore plus particuliérement la
Liberté de la Navigation en cas de Guerre ; mais il finit par une exception qui
n'eft que pofitive, & ainfi purement de
convention. Le voici :

» S'il furvenoit une Guerre entre le
» Roi *de France* & quelques Puiffances
» autres que l'Empereur & l'Empire,
» les Vaiffeaux de Sa Majefté & ceux
» de fes Sujets armés en Guerre ou au-
» trement, ne pourront empêcher, ar-
» rêter ni retenir les Navires defdites
» Villes Anféatiques, fous quelque pré-
» texte que ce foit, quand même ils

» iroient dans les Villes, Ports, Havres
» ou autres lieux dépendans defdites Puif-
» fances Ennemies de Sa Majefté ; fi ce
» n'eft qu'ils fuffent chargés de Marchan-
» difes de Contrebande , pour les por-
» ter aux Pays & Places des Ennemis
» de la Couronne , ou *de Marchandi-*
» *fes apparténantes auxdits Ennemis.*

AU RESTE, ce Traité des Villes Anféatiques a été jugé fi avantageux & fi bien
entendu , que la SUÉDE en a adopté
toutes les Stipulations favorables , ou
tous les avantages qu'il accorde auxdi-
tes Villes ; fans cependant fe charger
d'aucune des conditions onéreufes qu'il
leur impofe , & qui n'iroient pas à une
Puiffance qui tient un rang diftingué
parmi les Nations modernes. Cet arrangement fait la partie principale & effen-
tielle du Traité préliminaire de Commerce, figné en 1741 , entre la FRANCE
& la SUÉDE, & dont cette derniére
Couronne a été fi fatisfaite, qu'on a furfis
jufqu'ici à la couclufion d'un Traité plus
ample & plus formel , qui réglât en détail toute la conduite des deux Monarchies , rélativement à leur Commerce
& leur Navigation.

LES trois Traités , conclus prefqu'en

même temps à Vienne , entre cette Cour & celle de Madrid , sous les régnes de l'Empereur Charles VI & du Roi Philippe V , ont fait trop de bruit dans le temps pour qu'on les ait oublié. On sçait qu'à la grande suprise du reste de l'Europe , la Négociation du Baron de Ripperda , bientôt Duc, puis Grand d'Espagne , & enfin Premier Ministre du Roi Catholique , les fit éclore d'abord après que le Congrès de Cambray avoit été rompu ; de sorte qu'il y a grande apparence , qu'ils avoient été négociés directement de Cour à Cour & par le canal des intriguans pendant ce Congrès même.

Le troisiéme de ces Traités a pour objet *le Commerce* , & il fut signé à VIENNE en Autriche le premier Mai 1725 , le lendemain après que ceux de Paix & d'Alliance avoient été conclus. La nouvelle du Traité de Paix , quelque inattendue qu'elle fût , ne laissa pas de faire plaisir aux autres Puissances ; & quoique celui d'Alliance , qu'on voulut tenir caché pendant quelque temps , les intriguât, ce fut pourtant sur-tout ledit Traité de Commerce qui allarma les Gouvernemens dont les Etats tirent la plus grande partie de leurs forces & de leurs richesses du fonds de leur négoce. Ces Puissances y trouvérent des concessions, communiquées au Sujets de l'Empereur, qui leur avoient été particuliéres jusqu'alors, & la Compagnie d'Ostende garantie contre quiconque entreprendroit d'en troubler la traite. Cette Stipulation devint la pierre d'achopement qui souleva les Etats maritimes & commerçans par excellence ; à quoi se joignirent le mécontentement de l'Espagne, irritée contre la France, & l'indignation de cette derniére Couronne & de celle de la Grande Brétagne qui, Médiatrices au Congrès de Cambray, se virent jouées par la conclusion de tous ces Traités négociés à Vienne, pendant qu'on les amusoit audit Congrès par des difficultés & des obstacles, qu'on fit naître à chaque instant & qui parurent insurmontables. Toutes ces circonstances, réunies à la crainte pour l'avenir, engagérent enfin les Cours de Londres, de Versailles & de Berlin au fameux Traité d'Hanovre, signé à Herrenhausen, le 3 Septembre 1725, & à la conclusion duquel on peut dire que le susdit Traité de Commerce n'a pas peu contribué.

G iv

Nous n'en avons befoin ici que de deux Articles, par lefquels la Liberté entiére du Commerce en temps de Guerre, fe trouve réciproquement & pofitivement établie en faveur des Etats de Sa Majefté Impériale & de ceux du Roi Catholique, ou pour les Sujets de ces Puiffances Contractantes ; fans autre modification que celle qui réfulte de la difpofition claire & nette des Loix de la Neutralité. Le premier eft le IXe du Traité, & l'on verra par le récit que nous allons en faire, & fur-tout par la maniére dont il finit, qu'il doit avoir fervi de modéle au XXe Article du Traité de Commerce qui fubfifte entre le Roi & le Roi de France, dont nous avons rendu compte ci-deffus. §. III.

Voici l'Article mentionné du Traité de Vienne, traduit en françois, ce Traité même ayant été fait en latin : « On eft » convenu que la Liberté du Commerce » & de la Navigation doit être, de part » & d'autre, fi étendue, & non inter-» rompue, que, quoiqu'il arrive que l'un » des deux Séréniffimes Contractans vien-» ne à fe trouver en Guerre avec un ou » plufieurs Princes ou Etats ; les Sujets » de l'autre Séréniffime Contractant

» pourront nonobſtant cela continuer leur
» Navigation & leur Commerce avec
» toute forte de ſûreté , *comme avant*
» *cette nouvelle Guerre ;* ſoit que dans la
» ſuite cela ſe faſſe par voie directe, ou
» d'un Port Ennemi à un autre Port En-
» nemi, tant en allant qu'en révenant,
» ſans la moindre inquiétude , trouble
» ou aucun empêchement. On en ex-
» cepte néanmoins le cas , auquel le Port,
» où ils voudroient entrer, ſe trouveroit
» actuellement aſſiégé, ou environné &
» fermé du côté de la mer. Et à fin de
» léver toute incertitude ſur ce qui eſt
» entendu ſous ce nom, il a été arrêté,
» que nul Port maritime ne doit être ré-
» puté actuellement aſſiégé , s'il n'eſt
» tellement fermé par deux Navires, pour
» le moins, du côté de la Mer, ou par
» une Batterie de Canons du côté de
» la Terre, que ſon entrée ne peut être
» hazardée, ſans s'expoſer à une grêle
» de boulets de canon.

Le XXVe Article dudit Traité, contient ce qui ſuit : « Il ne ſera permis de
» retenir par aucun ordre , général ou
» particulier, leſdits Navires , ſoit de
» Guerre, Marchands , de Charge ou
» de quelque autre eſpéce qu'ils ſoient ;

» ſoit que cela ſe faſſe pour l'uſage de
» la Guerre, ou pour ſervir au tranſport :
» A moins qu'à ce ſujet on ne ſoit par-
» ticuliérement , librement & de plein
» gré convenu avec les Maîtres, ou
» même avec les Propriétaires des Na-
» vires. Bien moins ſera-t-il permis de
» contraindre par force les Officiers ou
» Patrons à livrer leurs Navires, & à
» ſervir dans quelque Armée Navale
» qu'on voudroit équiper, ou à faire la
» Guerre dans quelque autre corps mi-
» litaire qu'on voudroit former ; quand
» même ce ne ſeroit que pour peu de
» temps, & dans des occaſions tout-à-
» fait preſſantes. Mais s'ils venoient eux-
» mêmes offrir leurs ſervices, on ſera le
» maître de les engager.

§. V.

Cas où les Bâtimens Neutres ſont ſaiſiſſables, ſuivant la téneur de pluſieurs Traités.

IL N'EST pas douteux que les Vaiſſeaux de Guerre ou Armateurs des Nations Belligérantes, ne doivent toujours
ſe conformer aux Ordonnances des
Courſes de leurs Souverains reſpectifs ;

puisqu'elles déterminent les conditions qui rendent leurs Prises légitimes chez eux, & qui leur assûrent le bénéfice de leurs frais & de leurs périls. Mais il faut en revanche que ces Ordonnances soient elles-mêmes conformes au Droit des Gens, soit Universel ou Conventionnel; sans quoi les Peuples Neutres ne sont aucunement tenus d'en réconnoître la disposition. Les Traités, ou les Conventions des Souverains, dérogent sans contredit à leurs Loix positives & particuliéres; & dans les oppositions qui se trouvent entre celles-ci & les Traités, il faut toujours s'en rapporter à ces derniers, pourvû qu'ils soient encore en vigueur. Ainsi les Bâtimens Neutres ne sont point saisissables, qu'au cas où leur navigation ou leur conduite sera contraire aux maximes de l'un ou de l'autre Code des Sociétés Souveraines. Voyons ce qu'en décident quelques-unes de celui, auquel nous donnons avec raison le nom de Conventionnel.

Rien n'est plus juste que la Loi qui veut que les Navires Neutres, afin d'assûrer la liberté de leur Commerce & d'être à couvert de toute Saisie, ayent à leur bord des piéces autentiques non-fufpectes & propres pour conftater leur Neutralité effective , & que , faute de ces papiers néceffaires, on puiffe les faifir , les conduire dans les Ports des Belligérans , & y inftruire leurs procès. Les articles 14, 15 , 16 & 17 du *Traité des Pyrénées* font formels là-deffus. Ils déterminent clairement les précautions que doivent prendre les Navires des Puiffances Contractantes , pour être exempts de faifie, fur-tout quand ils commercent avec l'Ennemi de l'une d'icelles.

L'Article XIV dit : » Pour l'exécution
» de ce que deffus, il a été accordé
» qu'elle fe fera de la maniére fuivante :
» Que les Navires & Barques , avec les
» Marchandifes des Sujets du Roi Très-
» Chrétien, étant entrés dans quelque
» Havre dudit Seigneur Roi Catholique ,
» où ils avoient accoûtumé d'entrer &
» trafiquer avant la préfente Guerre , &
» voulant de-là paffer à ceux defdits En-
» nemis , feront obligés feulement de
» montrer aux Officiers du Havre d'Ef-
» pagne, ou autres Etats dudit Seigneur
» Roi , d'où ils partiront , leurs Paffe-
» ports , contenant la fpécification de la
» charge de leurs Navires , atteftés &
» marqués du fcel & feing ordinaire, &

» réconnu des Officiers de l'Amirauté
» des lieux : d'où ils feront premiére-
» ment partis , avec la déclaration du
» lieu où ils feront deftinés , le tout en
» la forme ordinaire & accoutumée :
» Après laquelle exhibition de leurs Paf-
» feports , en la forme fufdite , ils ne
» pourront être inquiétés ni récherchés ,
» détenus ni retardés dans leurs voya-
» ges , fous quelque prétexte que ce
» foit.

L'Article XV porte : « Il en fera ufé
» de même à l'égard des Navires &
» Barques Françoifes qui iroient dans
» quelques Rades des Etats du Roi Ca-
» tholique , où ils avoient accoûtumé de
» trafiquer avant la préfente Guerre ,
» fans vouloir entrer dans les Havres ,
» ou y entrant , fans toutefois vouloir
» débarquer & rompre leurs charges :
» lefquels ne pourront être obligés de
» rendre compte de leur cargaifon , que
» dans le cas qu'il y eût foupçon qu'il
» portaffent aux Ennemis dudit Seigneur
» Roi Catholique des Marchandifes de
» Contrebande.

L'Article XVI ajoûte ; « Et audit cas
» de foupçon apparent , lefdits Sujets du
» Roi Très-Chrétien , feront obligés de

» montrer dans les Ports leurs Paſſe-
» ports, en la forme ci-deſſus ſpécifiée.

Le XVIIᵉ Article de ce même Traité des Pyrénées, régle enfin & ordonne les mêmes précautions à l'égard des Navires qui ſe rencontreront en mer, en temps de Guerre; & il a cela de particulier, qu'il exige ſur-tout les Paſſeports & Lettres de Mer, ſans faire mention des autres papiers propres pour conſtater la Neutralité d'un Navire ou la régularité de ſa navigation.

Ce qui a été arrêté par le XXIᵉ & XXIIᵉ Articles du Traité de Commerce, Navigation & Marine, actuellement ſubſiſtant entre le DANEMARC & la FRANCE, eſt exactement conforme au contenu des XIVᵉ & XVIIᵉ Articles du Traité des Pyrénées, de ſorte qu'il paroît bien que ce dernier a été conſulté lorſque le premier fut fait.

Il seroit trop long d'alléguer ici tous les Articles des Traités qui déclarent ſaiſiſſables les Bâtimens Neutres, dépourvus de Paſſeports & de Papiers en duë forme; & il ſeroit peut-être peu utile d'en rapporter au long un plus grand nombre. Il ſuffira donc d'en nommer ſimplement quelques-uns encore qui, de concert avec la législation primitive des Peuples indépendans , exigent tous que les Navires Neutres soient munis de piéces nécessaires , s'ils veulent naviguer librement & se mettre à l'abri des Saisies.

Tels sont l'Article XXIIᵉ du Traité perpétuel de Commerce entre le DANE-MARC & les DEUX-SICILES, de l'année 1748 , qui exige que les Navires soient *nécessairement* munis de Lettres de Mer & d'un Certificat ; l'Article XXIᵉ du Traité perpétuel d'Amitié, de Commerce & de Navigation entre le DANE-MARC & la République de GÉNES , de l'année 1756 , qui insiste sur les mêmes piéces ; l'Article IIIᵉ du Traité de l'année 1604 , entre la FRANCE & l'ESPAGNE; l'Article XIᵉ du Traité entre l'ESPAGNE & l'ANGLETERRE, de la même année ; l'Article IXᵉ du Traité conclu entre les mêmes Puissances en 1630 ; l'Article Vᵉ du Traité fait entre le DANEMARC & l'ESPAGNE en 1641 , renouvellé par le dernier Traité d'Amitié & de Commerce de l'année 1742 , & enfin de nou-veau réconnu par la Convention, signée à la Haye l'année derniére 1758 , en vertu de laquelle la communication ré-ciproque , le Commerce , la bonne Intelligence & l'ancienne Amitié, font entiérement & heureufement rétablies entre les deux Monarchies ; les Articles VIIIᵉ & XIᵉ du Traité de la République des PROVINCES-UNIES, conclu avec l'ESPAGNE en 1650 ; les Articles XIVᵉ & XVIIᵉ du Traité de l'année 1659, entre la FRANCE & l'ESPAGNE ; les Articles XIIIᵉ & XIV du Traité fait entre l'ESPAGNE & l'ANGLETERRE en 1667; & enfin l'Article IIᵉ du premier & les Articles VIIᵉ & VIIIᵉ du cinquiéme Traité de Commerce, arrêtés entre les *Rois Catholiques* & les Villes *Anféatiques*.

§. V I.

Cas où les Navires Neutres doivent être à couvert de Saifie, fuivant la difpofition de quelques Contrats politiques.

LES Nations Belligérantes ne peuvent jamais s'emparer d'aucun Bâtiment Neutre dans les Ports, Havres, Rades ou lieux qui relévent de la dom n tion d'aucune Puiffance Neutre ; parce qu'elles ne peuvent exercer dans ces endroits aucun acte d'hoftilité, même contre leurs

Ennemis, fous quelque prétexte que ce puiffe être.

C'eft une maxime du Droit des Gens primitif, conforme aux ftipulations de plufieurs Traités ; & c'eft en conféquence que le XIXe Article du Traité fait en 1495, entre les Cours de Londres & de Madrid, exige du Souverain des lieux où un tel Navire aura été arrêté, « qu'il le réclame inceffamment, & qu'il « demande la réparation de l'infulte faite « à fon autorité fuprême & à l'immunité « de fon Port ou de fes Rades.

L'Article XXXIII du dernier *Traité de Commerce*, figné *entre les Cours de* COPENHAGUE *& de* VERSAILLES, en 1742, ftipule là-deffus ce qui fuit :

« Aucun des deux Rois ne fouffrira « qu'aucun Navire de Guerre ou autre, « étant armé pour le fervice de quelque « Prince, République ou Ville que ce « foit, prenne ou endommage dans fes « Ports, Havres ou Riviéres, les Navi- « res des Sujets de l'autre Roi ; que fi « ce malheur arrivoit à l'imprévû, l'un « des deux Rois employera fon autorité « pour faire donner fatisfaction à l'autre, « ou en lui reftituant ce qu'on lui aura « pris, ou en le dédommageant par une

» compenſation juſte & raiſonnable.

Par l'Article XXXIIIe du Traité entre le *Roi* & le *Roi des Deux Siciles*, il a été arrêté expreſſément : « Que leurs » Majeſtés ne ſouffriront point récipro- » quement, que ſur les Côtes, dans les » Ports & Riviéres de leur obéiſſance, » les Navires & Marchandiſes des Sujets » reſpectifs, ſoient pris par des Vaiſſeaux » de Guerre ou autres, pourvus de Pa- » tentes de quelque Prince, République » ou Ville que ce puiſſe être ; & le cas » venant, l'un & l'autre employeront » tout leur pouvoir, pour que le Vaiſſeau » pris ſoit bien & duëment reſtitué & » tout dommage réparé. » Cette ſtipu- lation ſe trouve également dans le Traité du *Danemarc* avec la République de *Génes* à l'Article XXXIIe.

On trouvera à-peu-près la même diſpoſition dans une foule d'autres Trai- tés. De ce nombre ſont : Le Traité du *Danemarc* avec l'*Eſpagne* de 1641, Ar- ticle XIIe : Les Traités de Commerce ſui- vans, arrêtés entre l'Espagne & l'An- gleterre ; ſçavoir, celui de 1604, à l'Article X[e] ; celui de 1667 à l'Article XVIe ; celui de 1630, à l'Article VIIIe ; & enfin celui de 1670, à l'Article XIIe :

Le Traité fait entre l'ESPAGNE & le PORTUGAL, bientôt après la Paix en 1715, à l'Article XIXᵉ : Le Traité conclu entre les PROVINCES-UNIES & l'ESPAGNE en 1648, à l'Article XXIIIᵉ ; & celui arrêté entre les mêmes Puissances après la Paix d'Utrecht en 1714, à l'Article XXᵉ. Et enfin les mêmes conventions se trouvent réitérées dans les IIIᵉ & Vᵉ Articles du Traité de Commerce, signé à Vienne en 1725, entre la *Cour Impériale* & celle de *Madrid*.

On peut encore consulter sur cet objet comme sur plusieurs autres de la même nature, le Traité de Commerce signé entre le DANEMARC & l'ESPAGNE, le 18 Juillet 1742, & les Traités de Commerce, conclus en 1667 & 1674, entre l'ANGLETERRE & les PROVINCES-UNIES des Pays-Bas, & confirmés par celui qui fut signé à Utrecht en 1713. Ces trois Traités ayant été arrêtés par des Puissances particuliérement intéressées à la sûreté de la Navigation de leurs Sujets, sont faits avec une intelligence & une prévoyance peu communes ; ce qui n'empêche pourtant pas que la Hollande ne se plaigne fréquemment dans les conjonctures présentes de leur violation.

CHAPITRE II.

DE LA CONTREBANDE DE GUERRE, DÉTERMINÉE PAR LE DROIT DES GENS CONVENTIONNEL.

SOMMAIRE.

§. I. *Avant-Propos.* §. II. *La Contrebande de Guerre, suivant quelques Traités faits avec le* DANEMARC. §. III. *La Contrebande de Guerre déterminée entre la* FRANCE *& quelques autres Puissances.* §. IV. *Fixation du Prohibé de Guerre par quelques Traités, faits avec la* GRANDE-BRETAGNE. §. V. *Conventions de quelques autres Puissances, au sujet de la Contrebande de Guerre.*

§. I.

Avant-Propos.

LA NÉGLIGENCE avec laquelle on consulte la Législation primitive des Nations, quand il s'agit de fixer leurs

Droits & leurs Devoirs , éloigne toujours de la précision dont cette fixation feroit fufceptible. Plus les intérêts des Sociétés civiles font devenus compliqués , plus on devroit être attentif à obferver cette bouffole des Corps politiques ; & moins il femble qu'on s'y applique. Infenfiblement la chicane s'eft gliffée dans les plaidoyers des Souverains , comme dans ceux qu'on préfente aux Tribunaux civils.

Pour prévenir les maux qui en réfultent pour les Peuples , les Gouvernemens modernes ont imaginé de rémedier à tout par le moyen des Traités : Moyen fage & louable en lui-même ; mais dont l'abus , bien loin de lever les obftacles , n'a fervi qu'à leur faire changer de nature. On fe difputoit autrefois fur l'application des Loix de la Nature aux cas particuliers dans la conduite des Etats ; aujourd'hui on fe difpute fur l'efprit & fur le véritable fens des Traités mêmes. Ces Contrats politiques ont été tellement multipliés depuis environ deux fiécles, qu'à force d'en avoir, on ne fçait prefque plus à quoi s'en tenir. En obfervant la maniére étrange dont ils fe croifent, on diroit qu'il n'y a point de Juftice

Univerfelle & obligatoire pour tous les Peuples en Corps.

La queſtion du Droit des Gens qui régarde la *Contrebande de Guerre*, eſt devenue bien plus intéreſſante qu'elle ne l'étoit, depuis que l'eſprit de Commerce domine les Etats & forme la baſe de leur puiſſance. Le Code primitif des Nations Souveraines fixe ſans doute clairement ce qu'il faut entendre par Prohibé ou Contrebande de Guerre, comme nous l'avons fait voir plus haut dans cet Ouvrage (*). Mais comme les Gouvernemens n'ont pas jugé à propos de s'en tenir à ſa déciſion, ſoit qu'on n'ait pas pris la peine de remonter aux principes pour la développer duëment, ſoit que l'on ait voulu renchérir ſur la préciſion du Droit des Gens Univerſel dans cette partie, pluſieurs d'entr'eux ſe ſont réjettés ſur la voie de la négociation, en déterminant par des Conventions particuliéres, ce que l'on doit enviſager comme étant de Contrebande en temps de Guerre.

Par ce moyen les Puiſſances Contrac-

(*) *Voyez* Tome I. Partie II. Chapitre I.

tantes font bien parvenues à fçavoir , ce
qui doit paffer pour Marchandifes prohibées entr'elles , quand l'une d'elles fera
Belligérante ; mais au refte cette fixation
pofitive ne peut être d'aucune reffource
pour les autres Peuples qui ne font point
Parties Contractantes , ou qui n'ont jamais fait enfemble aucune Convention
qui fût relative à cet objet. Les engagemens de quelques Nations fouveraines
ne fçauront faire Loi pour d'autres Nations également Souveraines , à moins
que celles-ci n'y foufcrivent ou ne les
reconnoiffent expreffément ; c'eft-à-dire ,
à moins qu'elles ne les prennent elles-
mêmes. Ainfi tous les Etats qui ne fe font
point engagés à recevoir ou admettre
une certaine fixation pofitive de la Contrebande de Guerre vis-à-vis d'un autre
Etat , ou , ce qui revient au même , toutes les Sociétés Souveraines qui ne font
point convenues enfemble d'une telle
fixation , auront toujours befoin du fé-
cours de leur Légiflation commune , pour
fçavoir ce qu'elles font obligées d'envifager comme étant de cette nature.

Voyons maintenant jufqu'où quelques-
uns des Traités qui en parlent , plus ou
moins d'accord entr'eux , font confor-

mes à ce qu'arrête fur ce fujet le Droit
des Gens Univerfel, & feul obligatoire
pour ceux qui font fans aucun engagement exprès à cet égard.

§. II.

La Contrebande de Guerre, fui-
vant quelques Traités faits avec
le DANEMARC.

LA CONTREBANDE de Guerre fe trouve déterminée entre *le Danemarc* &
la FRANCE, par les Articles XXVIe
& XXVIIe du Traité de Commerce, fub-
fiftant & fait entre les deux Couronnes
en 1742, de la maniére fuivante :

» Sous le genre de Marchandifes de
» Contrebande, font comprifes feule-
» ment les Armes, tant à feu que d'autres
» fortes, avec leurs affortimens ; comme
» canons, moufquets, mortiers, pétards,
» bombes, grénades, cercles poiffés,
» affûts, fourchettes, bandouliéres,
» poudre, mêches, falpêtre, balles,
» piques, épées, morions, cafques,
» cuiraffes, hallebardes, lances, javeli-
» nes, chevaux, felles de cheval, four-
» reaux de piftolets, baudriers, & géné-
                    » ralement

» ralement tous autres aſſortimens ſer-
» vant à l'uſage de la Guerre, de même
» que le goudron ou poix-réſine, les
» voiles, chanvres & cordages.....
» Dans ce genre de Marchandiſes de
» Contrebande l'on ne comprend point
» les fromens, bleds & autres grains,
» de quelque nature & eſpéce qu'ils
» ſoient, & beaucoup moins les légu-
» mes, huiles, vins, ſels, & générale-
» ment tout ce qui appartient à la ſuſten-
» tation de la vie ; & ainſi toutes ces
» choſes pourront toujours ſe vendre &
» tranſporter comme les autres Marchan-
» diſes, même aux lieux tenus par un
» Ennemi de l'une des deux Couron-
» nes ; pourvû qu'ils ne ſoient point aſſié-
» gés ou blôqués.

La Contrebande de Guerre ſe trouve déterminée ſur le même pié, en-tre le Danemarc & l'Espagne, en vertu du Traité, arrêté le 18 Juillet 1742, entre les deux Couronnes.

Les Articles XVII & XVIII du Traité perpétuel de Commerce conclu entre le Roi & *Sa Majeſté* Sicilienne en 1748, modifient un peu différemment cette fixation. Les voici :

» Sous le genre de Marchandiſes de

» Contrebande font comprifes feulement:
» Les armes à feu & d'autres fortes avec
» leurs Affortimens, comme : Canons,
» moufquets, mortiers, pétards, bom-
» bes, grenades, cercles poiffés, affûts,
» fourchettes, bandouliéres, poudre,
» mêches, falpêtre, balles, piques,
» épées, morions, cafques, cuiraffes,
» hallebardes, lances, javelines, che-
» vaux, felles de cheval, fourreaux de
» piftolets, baudriers, & généralement
» tous autres affortimens fervans à l'ufage
» de la Guerre ; lefquels Effets & Mar-
» chandifes ne feront pourtant pas répu-
» tés de Contrebande, fi ce n'eft dans
» le cas où on les porte dans quelque
» pays ennemi & pas autrement......
» Dans ce genre de Marchandifes de
» Contrebande on ne comprend pas les
» fromens, bleds & autres grains, de
» quelque nature ou efpéce qu'ils foient,
» beaucoup moins encore les légumes,
» huiles, vins, fels, & généralement
» tout ce qui concerne les alimens &
» la fuftentation de la vie. On n'y com-
» prend pas non plus le goudron, ou
» poix-réfine, les voiles, chanvres &
» cordages, ni les bois de conftruction &
» de charpente ; le fer, l'acier, le cui-

» vre , le laiton , & tout ce qui peut
» être fabriqué de ces métaux , font
» toutes Marchanifes bien permifes. Ainfi
» toutes ces chofes pourront toujours fe
» vendre & tranfporter comme les autres
» Marchandifes , même aux lieux tenus
» & occupés par un Ennemi de l'une des
» deux Couronnes ; pourvû qu'ils ne
» foient pas affiégés ou blôqués.

CETTE difpofition , touchant le Prohibé de Guerre , fe trouve exactement réïtérée par le XVIe & le XVIIe Articles *du Traité* perpétuel d'Amitié & de Commerce de l'année 1756 , avec *la République de GÉNES*.

§. III.

La Contrebande de Guerre , déterminée entre la FRANCE & quelques autres Puiffances.

LE CONTENU des Articles XIe, XIIe & XIIIe du *Traité des PYRENÉES*, figné en 1659 entre la *FRANCE* & l'*ESPAGNE* , s'explique fur la Contrebande de Guerre , de la maniére fuivante :

» Ce tranfport & ce trafic s'étendra
» à toutes fortes de Marchandifes &
» Denrées , qui fe tranfportoient libre-

» ment & sûrement auxdits Royaumes,
» Pays & Etats, avant qu'ils fussent en
» Guerre avec l'Espagne : Bien entendu
» toutes fois que, pendant la durée de
» ladite Guerre, les Sujets du Roi
» Très-Chrétien s'abstiendront d'y por-
» ter Marchandises provenant des Etats
» du Roi Catholique, telles qu'elles puis-
» sent servir contre lui & ses Etats, &
» bien moins Marchandises de Contre-
» bande . . . . En ce genre de Mar-
» chandises de Contrebande, s'entend
» seulement être comprises, toutes sor-
» tes d'armes à feu, & autres assorti-
» mens d'icelles : comme canons, mous-
» quets, mortiers, pétards, bombes,
» grénades, saucisses, cercles poissés,
» affûts, fourchettes, bandouliéres, pou-
» dre, mêches, salpêtre, balles, pi-
» ques, épées, morions, casques, cui-
» rasses, hallebardes, javelines, che-
» vaux, selles de cheval, fourreaux de
» pistolets, baudriers, & autres assortimens
» servans à l'usage de la Guerre . . . . .
» Ne seront compris en ce genre de Mar-
» chandises de Contrebande, les fro-
» mens, bleds & autres grains, légumes,
» huile, vins, sel, ni généralement tout
» ce qui appartient à la nourriture &

» suftentation de la vie : Mais , demeu-
» reront libres comme toutes autres Mar-
» chandifes & Denrées non comprifes en
» l'Article précédent , & en fera le
» tranfport permis, même aux lieux en-
» nemis de la Couronne d'Efpagne, fauf
» en Portugal , comme il a été dit , &
» aux Villes & places affiégées, blôquées
» ou invefties.

L A défignation du Prohibé de Guer-
re , arrêtée par le XIVe & le XVe
Articles du *Traité* de Commerce, conc-
clu en 1716 *entre la France & les Villes
ANSÉATIQUES* , Lübeck, Bremen &
Hambourg , différe peu de la précédente ;
fi l'on en excepte la difpofition purement
conventionnelle , annexée au fécond de
ces deux Articles dont voici la téneur :

» Sous le terme de Marchandifes de
» Contrebande font entendus : les Muni-
» tions de Guerre & armes à feu ; comme
» canons , moufquets , mortiers , bom-
» bes , pétards , grénades , faucifles ,cer-
» cles poiffés , affûts , fourchettes , ban-
» doulières , poudre , mêches , falpêtre ,
» balles & toutes autres fortes d'armes ,
» comme piques , épées , morions , caf-
» ques , cuiraffes , hallebardes , javelots ,
» & autres armes de quelque efpéce que
H iij

» ce foit ; enfemble les chevaux , felles
» de cheval , fourreaux de piftolets , &
» généralement tous les autres afforti-
» mens fervans à l'ufage de la Guerre....
» Ne feront compris dans ce genre de
» Marchandifes de Contrebande : les
» fromens ; bleds & autres grains ; lé-
» gumes, huile, vins , fel ; ni généra-
» lement tout ce qui fert à la nourriture
» & fuftentation de la vie ; tout au con-
» traire , lefdites denrées demeureront
» libres comme les autres Marchandifes
» non comprifes dans l'Article précédent,
» quand même elles feroient deftinées
» pour une Place Ennemie de Sa Ma-
» jefté ; à moins que ladite Place ne fût
» actuellement inveftie, blôquée ou af-
» fiégée par les armes de Sa Majefté ,
» ou qu'elles appartinffent aux Ennemis
» de l'Etat ; auquel cas lefdites Mar-
» chandifes & Denrées feront confif-
» quées.

§. I V.

*Fixation du Prohibé de Guerre par
quelques Traités, faits avec la
GRANDE-BRETAGNE.*

NOUS avons déja fait mention du
Traité de Marine & de Navigation ,

figné le premier Décembre 1674, *entre la Grande-Bretagne* & *l'Etat des Pro-vinces - Unies*, en conformité, à plufieurs égards, de celui de l'année 1667, comme d'un Contrat politique fait avec beaucoup d'intelligence. Ce font les Articles IIe, IIIe & IVe de ce Traité qui déterminent clairement ce qui doit paffer pour Contrebande entre les Puiffances Contractantes, quand elles feront en Guerre avec d'autres Puiffances. Nous les rapporterons ici en fubftance :

» La Liberté de la Navigation & du
» négoce ne fera gênée dans aucune
» branche du Commerce, à l'occafion
» d'aucune Guerre ; mais elle doit s'é-
» tendre à toutes les Marchandifes qui
» fe transportent en temps de Paix : ex-
» cepté uniquement les Marchandifes
» dont parle l'Article fuivant, & qui
» portent le nom de Contrebande....
» Sous ce nom de Contrebande ou Mar-
» chandifes prohibées, on comprend
» uniquement les armes, armes à feu
» avec leur appareil, & autres chofes
» y apparténantes, grénades, poudre,
» mêches, boulets, piques, épées, lan-
» ces, javelots, hallebardes, canons,
» mortiers, pétards, cercles poiffés,

» fourchettes, bandouliéres, salpêtre ;
» balles, morions, casques, cuirasses
» & d'autres choses semblables, propres
» pour l'armement ; les *Soldats*, che-
» vaux & tout ce qui est nécessaire pour
» l'équipement des chevaux, & toutes
» autres sortes de munitions de Guerre...
» On ne comptera d'aucune façon parmi
» les choses prohibées les Marchandises
» suivantes : sçavoir, toutes les espéces
» de drap, & toutes les autres étoffes
» manufacturées de laine, de lin, de
» soie & de cotton, de quelque espéce
» qu'elles puissent être ; puis toutes sor-
» tes d'habits, avec ce dont on les fait ;
» l'or & l'argent, tant monnoyé qu'en
» masse ; l'étaim, fer, plomb, cuivre,
» charbons, tourbes, l'orge, & toutes
» sortes de bleds ou de grains ; le tabac ;
» toutes sortes d'épices ; les viandes sa-
» lées & fumées ; les poissons salés &
» séchés ; le fromage, beurre, biére,
» huile, vin, sucre, & toutes sortes de
» sel ; & généralement toutes les pro-
» visions nécessaires à la nourriture des
» hommes & à la sustentation de la vie :
» En outre, tous les assortimens de cot-
» ton, de chanvre, de filasse & de poix-
» résine ; cables, voiles & ancres ; ainsi

» que les mâts, planches & poutres de
» toutes fortes d'arbres ; & tout ce qui
» fert à la conftruction & à la répara-
» tion des Vaiffeaux. On comptera par-
» mi les Marchandifes libres toutes cel-
» les qui ne font point nômmées dans
» l'Article précédent ; de forte que les
» Sujets de Sa Majefté, & ceux de la
» République, pourront les porter & in-
» troduire librement, même dans les
» Etats & Pays, apparténans aux En-
» nemis de l'une ou de l'autre Puiffance ;
» en exceptant uniquement les endroits
» qui fe trouveront affiégés, blôqués ou
» inveftis.

Nous obfervons que ce Traité donne
le nom de Contrebande aux *Soldats*,
de même que nous l'avons fait ci-deffus
(*) en traitant de cette matiére, fuivant le Droit des Gens Univerfel.

Comme *le Traité* de Commerce entre la Grande-Bretagne & les Seigneurs
ETATS - GÉNÉRAUX *des Provinces-Unies de l'année* 1713, eft prefque tout-à-fait conforme à celui de 1674, dont
nous venons de rendre compte, nous

(*) Tome I. Partie II. Chapitre I. §. 10. page 193.

H v

nous difpenferons de rapporter ici au long les Articles XIXe & XXe de ce premier Traité (*) , leur difpofition qui a également pour objet la détermination de la Contrebande de Guerre entre les deux Puiffances, n'étant guères différente de celle des Articles IIIe & IVe du dernier dont nous venons de faire le récit.

Ceux qui voudroient confulter , au fujet de la fixation conventionnelle du Prohibé de Guerre , un plus grand nombre de Traités faits avec l'Angleterre, pourroient voir entr'autres, l'Article VIII du Traité avec l'Espagne, de 1660, les Articles XXIVe & XXVe de eelui de 1663 , & enfin l'Article XXIIIe de celui de 1667, faits tous les deux avec la même Couronne.

§. V.

Conventions de quelques autres Puiffances , au fujet de la Contrebande de Guerre.

L'Fameux *Traité de Commerce,* conclu à Vienne en 1725 , *entre l'Em-*

(*) *Voyez* Du Mont, Corps Diplomatique, Tome VIII. page 348. *feq.*

PEREUR Charles VI d'un côté *& l'ES-
PAGNE* de l'autre, & qui donna tant
d'ombrage aux Puissances Maritimes,
s'explique là-dessus, à l'Article VIIe, en
ces termes :

» Afin d'ôter les disputes, qui pour-
» roient naître de l'expression de Mar-
» chandises interdites, appellées commu-
» nément la *Contrebande*, il a paru à pro-
» pos de déclarer, que sous ce nom sont
» comprises les espéces de tout genre de
» choses, tant manufacturées que non-
» œuvrées, servant à l'usage de la Guer-
» re ; comme sont toutes sortes d'armes,
» tant offensives que défensives ; & en
» particulier les canons, mortiers ; aussi
» les fauconneaux & bombardes, pro-
» pres à jetter des pierres ; saucisses, gré-
» nades, balles, boulets, fusils, pisto-
» lets ; de plus les épées, poignards,
» casques, cuirasses & baudriers ; poudre,
» salpêtre, planches, & bois destinés
» pour construire ou réparer les Navires ;
» voiles, goudron & cordages ; toutes
» lesquelles choses sont sujettes à confis-
» cation : Au seul cas néanmoins, qu'on
» vînt à découvrir qu'elles seroient des-
» tinées au secours des Ennemis, ou
» pour un Port Ennemi, aux Officiers

» duquel les Lettres de Mer devroient
» être exhibées. Sous le nom de Con-
» trebande font auffi comprifes toutes les
» Marchandifes de chaque Pays , que des
» Loix expreffes défendent d'en tirer &
» tranfporter. Sont toutefois exceptés le
» froment & toutes fortes de bleds ; les
» vins ; auffi les huiles , les fruits , &
» tout ce qui appartient à la nourriture ;
» le cuivre , fer & acier ; enfin tout ce
» qui eft à l'ufage des vêtemens de l'un
» & de l'autre Sexe ; les habits même
» complets ; pourvû qu'ils ne foient point
» deftinés à vêtir des Régimens & des
» Compagnies entiéres.

Il s'en faut beaucoup que cet Article
foit le plus conféquent du Traité dont
il fait partie. Car , outre ce qu'il con-
fond manifeftement la Contrebande civile ou particuliére avec le Prohibé de
Guerre , il dit d'abord que fous ce
dernier nom feront comprifes les efpé-
ces de tout genre de chofes , tant œuvrées que *non-œuvrées* , fervant à l'ufage de la Guerre ; & cependant il déclare dans la fuite que le *cuivre* , le *fer*
& l'*acier* , en font exceptés : Sans faire
attention que ce trois métaux font précifément les matiéres premiéres que la

main - d'œuvre convertit en armes.

LE III^eArticle du *Traité de Commerce,* fait en 1667, *entre la SUEDE & la République d'HOLLANDE* , ne défigne pour Contrebande que les feules Munitions de Guerre ; à quoi le IVe Article du même Traité ajoûte , « Que l'ar-
» gent , toutes fortes de grains , le fel ,
» le vin , l'huile , les voiles , les draps ,
» le chanvre , tous les bois de charpen-
» te , & tout ce qui fert à la conftruc-
» tion des Vaiffeaux , les Ancres &
» chofes femblables , doivent être con-
» fidérées comme des Marchandifes li-
» bres. (*)

QUOIQUE les Républiques Barbarefques , établies depuis quelques Siécles fur les Côtes de l'Afrique , n'exigent point abfolument de leurs Amis , qu'ils s'interdifent le tranfport des Munitions de Guerre chez leurs Ennemis ; cependant ces Républiques n'ignorent pas la diftinction que la Raifon & les Puiffances Européennes mettent entre les Marchandifes prohibées & libres en temps de

---

(*) *Voyez* Du Mont, Corps Diplomatique, Tome VII. Partie I. page 37.

Guerre. Le *Traité de Paix entre les Etats Généraux des PROVINCES-UNIES* & *la Régence d'ALGER*, conclu le 23 Novembre 1757, en parle vers la fin du IIe Article, en ces termes :

» Quant aux Marchandifes de Con-
» trebande, comme Munitions de Guer-
» re, poudre à canon, plomb, fer,
» foufre, falpêtre, planches, & tou-
» tes fortes de bois de charpente, pro-
» pres à la conftruction des Vaiffeaux ;
» poix, goudron, & autres chofes qui
» fervent à la Guerre, les Sujets de
» la République des Provinces - Unies
» ne feront tenus de payer pour tout
» cela aucun Droit ni Impôt aux Al-
» gériens.

AVANT que de finir ce Chapitre, nous nommerons encore quelques Traités dont les Articles déterminent conventionnel-lement la Contrebande de Guerre. Tels font : L'Article IIIe du Traité de l'ESPA-GNE, fait avec les Villes ANSÉATI-QUES en 1648 ; les Articles VIe, VIIe & VIII du Traité de cette Couronne avec la République d'HOLLANDE, de l'année 1650 ; & enfin les Articles VIe & VII du Traité de cette même Monar-chie, conclu à Utrecht en 1713.

CHAPITRE III.

Si le Pavillon Neutre couvre la Cargaison, suivant le Droit des Gens Conventionnel?

S O M M A I R E.

§. I. *Observation préliminaire.* §. II. *Si le Pavillon* DANOIS *couvre la Marchandise non-Contrebande de Guerre, suivant quelques Conventions expresses, faites avec les Souverains de cette Nation.* §. III. *Décision de la question entre la* FRANCE & *quelques autres Etats.* §. IV. *Droits du Pavillon Neutre rélativement à cet objet, suivant quelques Traités, faits avec la* GRANDE-BRETAGNE. §. V. *Quelques Conventions de la République d'*HOLLANDE *sur ce sujet.*

§. I.

Observation préliminaire.

IL N'EST pas douteux qu'en examinant la queſtion, ſuivant le Droit des Gens Univerſel, le Pavillon dont la Neutralité effective a été bien & dûement conſtatée, ne couvre & ne mette à couvert de Saiſie & de confiſcation la Cargaiſon du Navire, non - compoſée de Contrebande de Guerre. Quiconque aura lû avec attention ce qui a été dit ci-deſſus (*) ſur ce ſujet , aura , je penſe , de la peine à être d'un avis contraire. Cependant comme il dépend de chaque Corps politique & indépendant d'abandonner , de modifier ou de confirmer ſes droits naturels , par des Conventions particuliéres , comme il le juge à propos ; nous allons voir dans ce Chapitre , de quelle façon pluſieurs Puiſſances modernes décident la queſtion , par leurs Traités mutuels qui toutefois n'obligent que les Parties Contractantes.

(*) Tome I. Partie II. Chapitre II. page 199 & ſuivantes.

§. II.

Si le Pavillon DANOIS couvre la Marchandise non - Contrebande de Guerre, suivant quelques Conventions expresses, faites avec les Souverains de cette Nation ?

LES deux *Traités* de Commerce *avec la* FRANCE & *l'Espagne*, conclus l'un & l'autre en 1742, sont conformes là - dessus à la disposition de la Législation Universelle des Peuples. Rien de plus clair, ni de plus décisif à ce sujet que l'Article XXVIII du premier de ces deux Traités. Après avoir stipulé que les Marchandises apparténantes aux Sujets des Hauts Contractans, & chargées sur des Navires apparténans aux Ennemis de l'un ou de l'autre, seront confisquées & de bonne prise, il poursuit :

» Ce qui n'empêchera pourtant pas
» d'être libres & franches toutes les Mar-
» chandises qui se trouveront dans les
» Navires apparténans aux Sujets du Sé-
» rénissime Roi Très-Chrétien, encore
» que la charge de ces Navires, ou une

» partie de la même charge, appartînt
» aux Ennemis du Sérénissime Roi de
» Danemarc : Comme aussi seront libres
» & franches toutes les Marchandises
» qui se trouveront dans les Navires ,
» apparténans aux Sujets du Sérénissime
» Roi de Danemarc, *quoique la charge*
» *de ces Navires , ou une partie de cette*
» *charge , appartînt aux Ennemis du*
» *Sérénissime Roi Très-Chrétien ;* sauf
» toutefois , de part & d'autre , les Mar-
» chandises de Contrebande , à l'égard
» desquelles on se réglera selon la téneur
» des Articles précédens.

QUOIQUE cet Article soit effectivement d'une clarté parfaite : Cependant le XVIe du *Traité* perpétuel de
Commerce & de Navigation , fait *avec*
les DEUX-SICILES en 1748 , paroît
encore dressé avec une plus grande prévoyance ; puisqu'il achéve de lever d'a-
vance les difficultés qui pourroient sur-
venir au sujet de la question. Il est conçu dans le même esprit que le précédent ; & , après avoir assûré aux deux
Nations la Liberté du Commerce en
temps de Guerre , il établit les Droits de
leurs Pavillons respectifs, en ces termes :

» Les Vaisseaux libres rendront les

» Marchandifes libres , & l'on regardera
» comme libre tout ce qui fera trouvé fur
» les Vaiffeaux apparténans aux Sujets de
» l'un ou de l'autre Roi ; quoique tout le
» chargement , ou une partie de ce char-
» gement , appartienne aux Ennemis de
» Leurfdites Majeftés : A l'exception ce-
» pendant des Marchandifes de Contre-
» bande ; comme il eft dit ci-deffus.
» De même , il a été convenu que cette
» même liberté doit s'étendre auffi aux
» perfonnes qui naviguent fur un Vaif-
» feau libre ; de maniére que , quoiqu'el-
» les foient Ennemies de l'une des deux
» Parties , elles ne feront point tirées du
» Vaiffeau libre , fi ce n'eft que ce fuffent
» des Gens de Guerre , actuellement au
» Service defdits Ennemis.

Par cette derniére claufe les Puiffances Contractantes réconnoiffent la Loi
primitive des Nations qui , comme nous
l'avons prouvé ailleurs , (*) met les
Troupes & Gens de Guerre au nombre
de ce qui doit être réputé de Contrebande , pendant que cet état violent dure.

La difpofition de cet Article du *Traité*

____

(*) Tome I. page 193.

du Danemarc avec le Roi de Naples, *se* trouve insérée verbalement & mot à mot dans celui que le Roi fit en 1756 *avec la République de GÉNES*, à l'Article XVe.

§. I I I.

Décision de la question entre la FRANCE & quelques autres Etats.

LA DISPOSITION des Traités de la France, rélativement à l'immunité & aux Droits du Pavillon Neutre, n'est point uniforme. Cette Couronne a fait des Traités dont les stipulations ratifient l'Arrêt du Droit des Gens Primitif sur cet Article, & elle en a fait d'autres qui y dérogent, & même qui établissent la maxime opposée.

Le *Traité des Pyrenées*, fait avec l'ESPAGNE en 1659 ; est du nombre des premiers. Il déclare libre les Marchandises ennemies, chargées sur les Navires apparténans aux Sujets des Contractans. Voici comment s'exprime le XIXe Article dudit Traité :

» Il a été, en outre, accordé & con-
» venu, que tout ce qui se trouvera

» chargé par les Sujets de Sa Majesté
» Très-Chrétienne, en un Navire des
» Ennemis dudit Seigneur Roi Catholi-
» que, bien que ce fût Marchandise de
» Contrebande, sera confisqué avec tout
» ce qui se trouvera audit Navire, sans
» exception ni réserve : Mais d'ailleurs
» aussi *sera libre & affranchi tout ce qui*
» *sera & se trouvera dans les Navires ap-*
» *parténans aux Sujets du Roi Très-*
» *Chrétien, encore que la charge, ou*
» *partie d'icelle, fût aux Ennemis dudit*
» *Seigneur Roi Catholique ; sauf les Mar-*
» *chandises de Contrebande, au régard*
» *desquelles on se réglera selon ce qui a*
» *été disposé aux Articles précédens.*

L'Article XXe suivant assûre les mê-mes prérogatives aux Sujets de l'Espagne.

L E XVIIe Article du *Traité entre la France & la* GRANDE-BRETA-GNE, fait en 1713, s'explique exac-tement sur le même pié à l'égard des im-munités du Pavillon des deux Nations, dans le cas où l'une d'elles sera Neutre & l'autre Belligérante, (*) en donnant pour raison que *les Vaisseaux libres doi-*

(*) *Voyez* Du Mont, Corps Diplomatique, Tome VIII. page 377.

vent rendre libres les *Marchandises*, chargées *sur iceux*.

Il en est bien autrement du *Traité de Commerce de 1716*, *entre la France &* *les Villes Anséatiques*. Ce Traité établit pour régle, que les biens des Ennemis du Roi Très-Chrétien, qui feront la charge des Navires de ces Villes, ne feront point à l'abri de Saisie & de confiscation. La fin du XIIIe Article dit expressément " qu'entr'autres, les Mar-
» chandises, apparténantes auxdits En-
» nemis, feront confisquées, quoiqu'el-
» les fussent chargées sur des Bâtimens,
» apparténans en propre aux Citoyens
» desdites Villes : » Et le XXIIe Article s'exprime là-dessus en ces termes :

» Les Vaisseaux desdites Villes Anséa-
» tiques, sur lesquelles il se trouvera des
» Marchandises apparténantes aux Enne-
» mis de Sa Majesté, ne pourront être
» rétenues, amenées, ni confisquées, non
» plus que le reste de leur Cargaison ;
» mais seulement lesdites Marchandises
» apparténantes aux Ennemis de Sa Ma-
» jesté feront confisquées, de même que
» celles qui feront de Contrebande ; Sa
» Majesté dérogéant à cet égard à tous
» Usages & Ordonnances à ce contrai-

» res, même à celles des années 1536,
» 1584 & 1681, qui portent, que la
» robe ennemie confisque la Marchandise
» & le Vaisseau Ami. Bien entendu que
» si la partie du chargement, qui se trou-
» vera sujet à confiscation, étoit si con-
» sidérable, qu'elle ne pût être chargée
» sur le Vaisseau François, il sera per-
» mis en ce cas au Capitaine du Navi-
» re François, de conduire le Navire
» des Villes Anséatiques dans le plus pro-
» chain Port de France, pour être les
» Marchandises sujettes à confiscation
» déchargées sans rétardement ; après
» quoi, le Vaisseau des Villes Anséati-
» ques, avec le reste de la Cargaison,
» sera relâché & mis en pleine liberté.

La nature de ce Traité rend cette disposition, sans contredit, purement conventionnelle, bien moins contraire à
l'équité commune & à la régle générale
du Droit des Gens Universel sur cet
Article, qu'elle ne le seroit, étant établie entre deux Contractans, dont les
avantages, qu'ils sont à même de s'accorder pour leur Commerce mutuel,
seroient à-peu-près pareils. Mais comme
les Villes Anséatiques tirent un grand
profit du Commerce avec la France,

profit que les priviléges & prérogatives,
ftipulés par le préfent Traité, leur affûrent & leur confirment, & qu'Elles ne
font point à même d'en promettre autant aux Sujets de la France, cette difpa-
rité forme une raifon qui a pû engager
ladite Couronne à faire inférer dans le
Traité quelque Article onéreux pour la
Navigation des Villes ; auquel cependant elles ont dû foufcrire d'autant plus
volontiers, qu'elles auront trouvé leur
compte au marché. Car d'ailleurs cet
article eft fûrement onéreux ; puifque le
défavantage qui en réfulte pour le Commerce des Villes en temps de Guerre,
n'eft point dit devoir être, & même ne
peut prefque pas être, réciproque.

Au refte, les modifications adoucif-
fent beaucoup l'amertume de la ftipula-
tion ; & enfin l'exception, arrêtée par
le XXIXe Article de ce Traité, qui
pourvoit à la fûreté des Paffagers ennemis, embarqués, pour caufe de Commerce ou autre, fur les Navires des
Villes, en rend l'obfervation encore
moins défagréable. Voici la téneur de
ce dernier Article :

„ S'il fe trouve dans un Navire des
„ Villes Anféatiques des Paffagers d'une
„ Nation

» Nation Ennemie de la France, ils ne
» pourront en être enlévés ; à moins
» qu'ils ne fuffent Gens de Guerre actuel-
» lement au fervice des Ennemis , au-
» quel cas ils feront faits prifonniers de
» Guerre.

§. IV.

Droits du Pavillon Neutre , réla-
tivement à ce fujet , fuivant quel-
ques Traités faits avec la GRAN-
DE-BRETAGNE.

LE DROIT NATUREL qui com-
péte au Pavillon Neutre, de couvrir parfaitement la Cargaifon non-Contrebande
de Guerre, fe trouve ratifié & réconnu par
différens Traités de la *Grande-Bretagne.*
Voici en propres termes ce qui a été ré-
glé là-deffus , par le commencement de
l'Article VIII du *Traité de Marine* & de
Navigation , fait en 1674 , entre cette
Couronne & la République des PRO-
VINCES-UNIES.

» L'on eft , en outre , convenu , que
» tout ce que les Sujets de Sa Majefté
» auront chargé fur un Navire , quel
» qu'il puiffe être , apparténant aux En-
» nemis des Etats - Généraux , quoique

» ce ne foient point des Marchandifes
» prohibées , pourra être entiérement
» confifqué ; mais qu'en revanche on
» tiendra pour libre & affranchi, tout
» ce qu'on trouvera être chargé fur des
» Navires apparténans aux Sujets de
» Sa Majefté , quoique toute la Cargai-
» fon , ou une partie d'icelle , appar-
» tienne en pleine propriété aux Enne-
» mis des Etats-Généraux : Seront excep-
» tées cependant les Marchandifes de
» Contrebande , à l'égard defquelles on
» agira comme il a été arrêté ci-deffus.
» De même , tout ce que l'on trouvera
» chargé , par les Sujets des Etats-Gé-
» néraux , fur aucun Navire apparténant
» aux Ennemis de Sa Majefté , quoique
» ce ne fuffent point des Marchandifes
» interdites , fera confifqué ; mais , au
» contraire , tout ce qui fe trouvera
» chargé fur les Navires des Sujets des
» Etats-Généraux , fera libre & affran-
» chi ; quoique toute la charge , ou une
» partie d'icelle , appartienne en pleine
» propriété aux Ennemis de Sa Majefté.
» On en excepte uniquement les Mar-
» chandifes de Contrebande , au fujet
» defquelles on fe réglera fur l'efprit & la
» difpofition des Articles précédens.

COMME le *Traité de Commerce entre la Grande-Bretagne & les Provinces confédérées des Pays-Bas*, de l'année 1713, n'eſt preſque qu'une répétition de celui de 1674, cette même clauſe s'y trouve verbalement inſérée à l'Article XVII.(*)

SI ON ne peut pas en dire autant de l'Article VIIIᵉ du *Traité* de 1667, *entre l'Angleterre & la SUEDE*, à l'égard des termes ; cela n'empêche pourtant pas que l'eſprit & le ſens n'en ſoient d'accord avec ceux de ces deux Articles. (†)

§. V.

Quelques Conventions de la République d'HOLLANDE ſur ce ſujet.

ELLES réconnoiſſent & ſuivent toutes la Loi du Droit des Gens Primitif, en attribuant au Pavillon Neutre la faculté de couvrir les Marchandiſes chargées ſur le Navire, & non-prohibées en

---

(*) *Voyez* Du Mont, Corps Diplomatique, Tome VIII. page 345.
(†) Le même Tome VII. page 37.

temps de Guerre. Nous n'en alléguerons que trois.

LE *Traité* de Navigation & de Commerce, fait à la Haye *avec l'ESPAGNE* en 1650, dit : *Que tout ce qui se trouvera dans les Navires apparténans aux Sujets des Contractans, sera libre & privilégié, quoique la charge, ou une partie d'icelle, appartienne à leurs Ennemis ; que l'on n'en excepte que les Marchandises de Contrebande, à l'égard desquelles on procédera, conformément à la disposition des autres Articles.*

LA téneur des Articles III & V du *Traité* conclu le 8 Septembre 1726, entre Leurs Hautes - Puissances & *la Régence d'ALGER*, se réduit à ces termes :

» Lorsque les Vaisseaux de Guerre
» ou Marchands de Leurs Hautes-Puis-
» sances, & ceux d'Alger se rencontre-
» ront en Mer, bien-loin de se causer
» aucun trouble, ils devront se séparer les
» uns des autres avec toutes les marques
» de civilité & d'honneur : Ceux qui
» seront à leur bord, de quelque Na-
» tion qu'ils soient, ne pourront être
» molestés, tant en leurs personnes qu'en
» *leurs Effets ;* & en quelque lieu qu'ils

» veuillent aller , il ne sera point permis
» de les rétenir, ni de rétarder leur voya-
» ge : bien moins de se causer aucun
» dommage de part ni d'autre , sous
» quelque prétexte que ce puisse être. . . .
» Les Capitaines ou Commandans d'Al-
» ger ne pourront *rien* exiger , ni *enlé-*
» *ver* des Vaisseaux Hollandois ; & quand
» même il s'y trouvera quelqu'un d'une
» autre Nation , il ne leur sera pas per-
» mis de le molester en aucune maniére.

LE *Traité* de Paix entre la HOL-
LANDE & la Régence d'ALGER,
signé le 23 *Novembre* 1757, n'étant qu'un
renouvellement formel de celui de 1726,
les deux Articles susmentionnés s'y
trouvent également & presque dans les
mêmes termes.

CHAPITRE IV.

DE LA VISITE DES NAVIRES NEUTRES, SUIVANT LA DISPOSITION DES TRAITÉS.

SOMMAIRE.

§. I. *Avant-Propos.* §. II. *Forme de la Visite des Navires Neutres, selon quelques Traités, conclus avec le DANEMARC. §. III. Conventions sur la Visite des Navires Neutres avec la FRANCE. §. IV. Engagemens formels, pris par la GRANDE-BRETAGNE, au sujet de la Visite des Bâtimens Neutres. §. V. Dispositions, ratifiées par l'ESPAGNE & la HOLLANDE sur ce sujet.*

§. I.

Avant-Propos.

LES Nations Belligérantes ont indubitablement le Droit de faire visiter les Bâtimens Neutres, en temps &

lieux convenables. Les Loix de la Raifon le leur adjugent, & toutes les Conventions des Souverains qui font aucunement relatives à ces objets, en tombent d'accord. Il n'eft donc pas queftion
ici de la Vifite en elle-même; il s'agit
uniquement de fçavoir, quelle en doit
être la forme? De quelle façon elle
doit fe faire, & jufqu'où s'étendent
les Droits acquis des différens Etats à
cet égard?

Nous ne répéterons pas ce qui en a
été dit en général plus haut dans cet
Ouvrage, (*) où la matiére fe trouve
difcutée fort au long par le raifonnement.
Le but que nous nous propofons dans ce
Chapitre, fera rempli, fi nous y ren-
dons compte de la teneur & de la difpofition des principaux Traités, faits
entre les Puiffances modernes, & fur-
tout les Puiffances les plus confidérables par leur Commerce maritime, au
fujet de la Vifite des Bâtimens Neutres.

(*) Tome I. Partie II. Chapitre III.
page 228. *feq.*

§. II.

Forme de la Visite des Navires Neutres, selon quelques Traités conclus avec le DANEMARC.

LE TRAITÉ de Commerce subsistant & fait *avec la FRANCE*, stipule d'abord à l'Article XV, en faveur des Navires François qui passeront avec leurs Marchandises & Denrées devant la forteresse de Gluckstadt & les autres lieux & places que le Roi posséde sur la riviére de l'Elbe, *que ces Navires ne seront point visités ; excepté dans le cas, où le Roi étant en Guerre avec quelqu'autre Roi ou Etat*, il y auroit quelque soupçon apparent que lesdits Navires porteroient à ses Ennemis quelques-unes des Marchandises réputées de Contrebande.

Cette stipulation fait connoître clairement, combien les deux Souverains ont jugé la Visite des Navires juste & nécessaire en temps de Guerre ; puisqu'elle en réserve positivement le Droit au Roi dans des lieux de son obéissance, où il y rénonce pendant tout le temps de la Paix.

Maïs ce font fur-tout les Articles XXI & XXII de ce Traité, qui réglent la forme dont doit fe faire la Vifite des Bâtimens des Sujets refpectifs, quand l'une ou l'autre Puiffance Contractante fera en Guerre. En voici la téneur :

» Il a été accordé que les Navires » des Sujets des deux Rois, étant entrés » dans un Port de l'autre, d'où ils au- » ront deffein de paffer aux Havres & » Ports des Ennemis, *feront obligés de* » *montrer* aux Officiers de ce lieu-là *leurs* » *Paffe-ports*, conténant un état particu- » lier de leur charge, attefté & marqué » du feing & fcel ordinaires des Officiers » de l'Amirauté du lieu d'où ils feront » premiérement partis, avec la déclara- » tion de celui pour lequel ils feront def- » tinés ; le tout fuivant les modéles qui » en feront joints au préfent Traité : Et » *leurs Paffe-ports montrés, on ne pourra* » *les rétarder davantage, ni les vifiter,* » *ni leur faire obftacle & déplaifir quel-* » *conque, fous quelque prétexte que ce* » *foit.*

Ainfi, fuivant les engagemens du Danemarc avec la France, le Droit réciproque de vifiter leurs Navires refpectifs, fe réduit *dans les Ports ou Havres,*

par rapport à la Guerre, à la feule infpection des Paffe-ports.

Le XXIIe Article prefcrit la façon
dont cette Vifite doit fe faire *en Mer*, en
ces termes :

» Si des Navires Marchands de Fran-
» ce rencontrent des Navires de Guerre
» Danois, foit du Séréniffime Roi de
» Danemarc, ou d'Armateurs particu-
» liers fes Sujets, qui auront armé par
» fa permiffion ; & réciproquement, fi
» des Navires Marchands de Danemarc
» rencontrent des Navires de Guerre
» François, foit du Séréniffime Roi Très-
» Chrétien, ou d'Armateurs particuliers
» fes Sujets, qui auront armé par fa per-
» miffion, les Navires de Guerre n'ap-
» procheront pas de plus près les Navi-
» res Marchands, que de la portée du
» Canon ; mais envoyeront dans leur
» chaloupe à bord des Navires Mar-
» chands, deux ou trois hommes feule-
» ment, à qui le Patron ou Maître du
» Navire Marchand montrera les Paffe-
» ports, en la maniére & forme ordinai-
» res, par lefquels il puiffe apparoir en ter-
» mes exprès, non-feulement de fa char-
» ge, mais auffi du lieu de fa démeure
» & réfidence , & du nom, tant du

» Maître ou Patron que du Navire même;
» afin que par ce moyen on puisse con-
» noître, s'il se transporte quelque Mar-
» chandise de Contrebande. On don-
» nera aussi toute foi aux mêmes Passe-
» ports ; & pour en assûrer la validité,
» & les empêcher d'être contrefaits ou
» falsifiés, on donnera pour cela des
» certaines marques & contre-seings de
» chacun des deux Rois.

LES deux Articles du *Traité perpé-*
tuel avec le Roi des DEUX-SICILES,
qui déterminent & prescrivent la maniére dont on visitera réciproquement les
Bâtimens Marchands en temps de Guerre, sont fort sages & fort circonstanciés ;
ce qui les rend un peu longs. Cependant
comme ils pourvoient avec beaucoup
de circonspection à tout ce qui concerne
ladite Visite, & qu'en outre, ils ont cela
de particulier, qu'ils sont munis du sceau
d'une Sanction qui dicte la punition de
ceux qui contreviendront à leur téneur,
nous ne balançons pas de les transcrire
ici en entier.

Le premier qui est le XXIIe du Traité, concerne les Papiers dont doivent
être pourvûs à la Visite les Navires des

deux Nations. Il eſt conçu en ces termes :

» Pour éviter & prévenir toutes diſ-
» cordes & inimitiés de part & d'autre,
» il a été réſolu, qu'une des deux Par-
» ties venant à ſe trouver engagée dans
» la Guerre, les Vaiſſeaux & Bâtimens
» apparténans aux Sujets de l'autre Par-
» tie, ſeront munis néceſſairement de
» *Lettres de Mer* qui contiendront le nom,
» la propriété & la grandeur du Vaiſ-
» ſeau, ainſi que le nom & le lieu de
» l'habitation du Maître ou du Capitaine
» du Vaiſſeau ; le tout ſuivant le modèle
» qui ſera joint au préſent Traité : en
» ſorte qu'il paroiſſe clairement, & ſans
» le moindre équivoque, que ce Vaiſ-
» ſeau appartient réellement aux Sujets
» de l'une ou de l'autre Puiſſance. Ces
» Lettres de Mer ſeront rénouvellées
» chaque année, s'il arrive que le Vaiſ-
» ſeau n'employe pas plus d'un an dans
» ſon voyage. Il a été auſſi convenu,
» que ces ſortes de Vaiſſeaux chargés, ſe-
» ront non-ſeulement munis de Lettres
» ci-deſſus mentionnées, mais encore
» de *Certificats*, contenans les eſpéces
» de la charge, le lieu d'où le Vaiſſeau

» eſt parti & celui de ſa deſtination ;
» conformément au modéle qu'on verra
» dans la ſuite du Traité : afin de vérifier
» & de diſtinguer les Marchandiſes pro-
» hibées, d'avec celles qui ne le ſont
» pas ; leſquels Certificats ſeront expé-
» diés par les Officiers du lieu d'où le
» Vaiſſeau ſortira, conformément à leurs
» Uſages & Coûtumes.

Cet Article du Traité avec les Deux-
Siciles, ayant ainſi déſigné les piéces
dont la préſence & l'exhibition à bord
des Navires mettra à l'abri de tout trouble ces Bâtimens & leurs Cargaiſons,
le ſuivant qui eſt le XXIIIe de l'Inſtrument, régle enfin de quelle façon doit
ſe faire la Viſite elle-même :

» Si un Vaiſſeau de Guerre, *dit-il,*
» ou Armateur d'une des Puiſſances Con-
» tractantes, vient à rencontrer un Vaiſ-
» ſeau Marchand de l'autre Puiſſance,
» ils n'en approcheront qu'à la portée du
» Canon, & enverront à ſon bord une
» Chaloupe, dans laquelle, ſans compter
» les Mariniers qui la gouvernent, il y
» aura trois perſonnes pour monter dans
» ledit Vaiſſeau Marchand, & pour en
» examiner la patente ; après quoi, ils

» lui laisseront continuer sa roûte, sans
» aucun délai, embaras ni empêchement
» quelconque : Au contraire, ils join-
» dront aux bons Offices d'amitié & de
» fraternité, tous les sécours dont il pour-
» roit avoir besoin ; & s'ils font même
» route, les Vaisseaux de Guerre seront
» obligés de protéger & de défendre le
» Vaisseau Marchand contre toute atta-
» que & toute insulte. Pour la sûreté
» de pareilles rencontres Leurs Majestés
» ordonneront expressément aux Com-
» mandans de leurs Vaisseaux de Guer-
» re, & à tous leurs Armateurs, d'a-
» gir avec les Vaisseaux Marchands de
» l'autre Nation de façon, qu'à tous
» égards ils n'ayent aucun sujet de plain-
» te, de les traiter en amis, & d'empê-
» cher qu'ils ne soient maltraités, ni for-
» cés à faire des fausses déclarations sur
» la quantité ou qualité de leurs Equi-
» pages & Cargaisons, après les avoir
» légitimés par les Certificats convenus.
» Si cependant quelqu'un, malgré des
» ordres si précis, en usoit autrement,
» le Capitaine du Vaisseau de Guerre,
» ou l'Armateur qui aura ordonné, com-
» mis ou toléré une pareille contraven-

» tion, fera puni de la maniére fuivante,
» fçavoir : Que le Vaiffeau pris foit d'a-
» bord reftitué avec toute fa Cargaifon,
» même avec les Marchandifes de Con-
» trebande qui pourroient s'y être trou-
» vées, auxquelles, en pareil cas, on
» n'aura rien à prétendre, à moins que
» dans la fuite elles ne fe trouvaffent
» portées à l'Ennemi. Le Capitaine du
» Vaiffeau de Guerre fera privé de fa
» charge, & on ôtera à l'Armateur fa
» commiffion, fans qu'il puiffe efpérer
» d'armer pendant tout le temps que du-
» rera la Guerre. En outre, l'Armateur,
» comme le Capitaine du Vaiffeau de
» Guerre, payeront une amende de deux
» mille écus, & donneront fatisfaction
» de tout le dommage. De plus, les Ma-
» riniers qui fe feront laiffés employer à
» une telle violence, feront châtiés ri-
» goureufement ; & tout cela fera exé-
» cuté fans délai & fans aucune tergi-
» verfation.

TOUTE cette difpofition fe trouve
verbalement inférée dans le *Traité* perpétuel du Roi *avec la République de
Génes* dont elle forme le XXIe &
le XXIIe Articles.

§. III.

Conventions fur la Vifite des Navires Neutres avec la FRANCE.

L'INSTRUMENT de la Paix des *PYRENÉES* eft un des plus amples que nous ayons. Il pourvoit à une infinité de chofes, en quoi il ne céde guères qu'à ceux de Munfter & d'Ofnabruck. C'eft fon XVIIe Article qui régle la Vifite réciproque des Bâtimens Marchands François & Efpagnols, en cas de Guerre & de Neutralité, en ces paroles :

» Si les Navires François étoient en-
» trés dedans les Rades, ou étoient ren-
» contrés en pleine Mer, par quelques
» Navires dudit Seigneur Roi Catholi-
» que, ou d'Armateurs particuliers fes
» Sujets, lefdits Navires d'Efpagne,
» pour éviter tout défordre, n'approche-
» ront pas de plus près les François que
» de la portée du canon, & pourront
» envoyer leur pétite Barque ou Cha-
» loupe au bord des Navires ou Barques
» Françoifes, & faire entrer dedans deux
» ou trois hommes feulement, à qui fe-
» ront montrés les Paffe - ports par le

» Maître ou Patron du Navire François,
» en la maniére ci-deſſus ſpécifiée, ſelon
» le formulaire qui ſera inſéré à la fin
» de ce Traité, par lequel il puiſſe ap-
» paroir, non-ſeulement de ſa charge,
» mais auſſi du lieu de ſa demeure &
» réſidence, & du nom, tant du Maî-
» tre & Patron, que du Navire même :
» Afin que par ces deux moyens, on
» puiſſe connoître, s'ils portent des Mar-
» chandiſes de Contrebande, & qu'il
» apparoiſſe ſuffiſamment, tant de la
» qualité dudit Navire, que de ſon
» Maître & Patron ; auxquels Paſſe-
» ports & Lettres de Mer ſe devra don-
» ner entiére foi & créance. Et afin que
» l'on connoiſſe mieux leur validité, &
» qu'elles ne puiſſent en aucune maniére
» être falſifiées & contrefaites, ſeront
» données certaines marques & contre-
» ſeings de chacun des deux Seigneurs
» Rois.

A U C U N *Traité de Commerce* ne dé-
termine plus ſoigneuſement tout ce qui
a rapport à la Viſite des Navires Neutres, que celui qui fut arrêté en 1716
entre Sa Majeſté Très - Chrétienne &
les *Villes ANSEATIQUES*, Lubeck,

Bremen & Hambourg. Les Contrats politiques inégaux exigent souvent un effort de prudence. Quatre Articles entiers de ce Traité, sont occupés à prescrire aux Bâtimens de ces Villes la conduite qu'ils doivent tenir, & les piéces ou preuves dont ils doivent être pourvus, s'ils veulent naviguer sans être troublés par les Vaisseaux de Guerre ou Armateurs de la France, quand cette Couronne sera Belligérante. Ce sont les Articles XXIIIᵉ, XXXᵉ, XXXIᵉ & XXXIIᵉ qui contiennent cette instruction en ces termes :

» Pour connoître quels sont les vérita-
» bles Propriétaires des Marchandises
» trouvées dans un Vaisseau des Villes
» Anséatiques, il sera nécessaire que les
» *Connoissemens* ou *Polices* du charge-
» ment, contiennent la qualité & quan-
» tité des Marchandises, le nom du Char-
» geur & de celui auquel elles doivent
» être consignées, le lieu d'où le Vais-
» seau sera parti, & celui de sa destina-
» tion, même le nom du Capitaine ou
» Maître qui sera tenu de les signer ou
» de les faire signer par l'Ecrivain. . . .
» Pour que le Navire soit réputé appar-

» ténir aux Sujets des Villes Anséati-
» ques, on eſt convenu qu'il faut qu'il
» ſoit de leur fabrique, ou de celle d'une
» Nation Neutre. Si néanmoins, étant de
» fabrique ennemie, ou ayant appartenu
» aux Ennemis, il a été acheté avant la
» Déclaration de la Guerre, ſoit par des
» Sujets des Villes Anſéatiques, ſoit par
» ceux d'une Nation Neutre, il ne ſera
» point ſujet à confiſcation. Cet achat
» ſera juſtifié par le *Paſſe-port* ou *Lettres*
» *de Mer*, & par le *Contrat de Vente*,
» paſſé par-devant les Officiers ou Per-
» ſonnes publiques qui doivent récevoir
» ces ſortes d'Actes, ſoit par le Proprié-
» taire en perſonne, ſoit par ſon Pro-
» cureur, en vertu de Procuration ſpé-
» ciale & autentique, annexée à la mi-
» nute du Contrat de Vente, & tranſ-
» crite à la fin de l'expédition, par le
» même Officier public qui l'aura déli-
» vré ; ledit Contrat dûement enregiſtré
» au Greffe du Magiſtrat du lieu d'où le
» Navire ſera parti...... Un Navire,
» quoique de la Fabrique des Villes An-
» ſéatiques, ou par elles acheté avant la
» Déclaration de la Guerre en la forme
» expliquée en l'Article précédent, ne

» fera réputé leur appartenir, fi le Capi-
» taine ou Patron, le Contre-Maître,
» le Pilote & Subrecargue & le Com-
» mis, ne font Sujets naturels defdites
» Villes Anféatiques, ou s'ils n'y ont été
» naturalifés trois mois avant la Décla-
» ration de la Guerre, & pareillement
» fi les deux tiers de l'Equipage, ne font
» Sujets naturels de l'une defdites Villes
» ou d'une Nation Neutre, ou, en cas
» qu'ils foient originaires d'un Pays En-
» nemi, s'ils ne font naturalifés avant
» la Guerre, foit par les Villes Anféati-
» ques, foit par une Nation Neutre....
» La preuve de la Patrie ou de la Natu-
» ralifation, tant des Officiers que de
» l'Equipage, fera établie par les Paffe-
» ports ou Lettres de Mer, qui contien-
» dront le nom & le port du Navire, le
» nom & le lieu de la naiffance & de
» l'habitation du Propriétaire, ainfi que
» du Maître ou Commandant du Navi-
» re ; lefquelles Lettres feront rénouvel-
» lées chaque année, fi le Vaiffeau ne
» fait pas un voyage qui demande un
» plus long terme. Ladite preuve fera
» pareillement établie par le *Rôle d'E-*
» *quipage* bien & dûement certifié.

Après ces préliminaires les Articles XXXIVe, XXXVe & XXXVIe achévent de régler toute la céremonie de la Visite en s'exprimant comme ci-après :

» Les Navires des Villes Anséatiques
» qui seront trouvés dans les Rades, ou
» rencontrés en pleine Mer par des Vais-
» seaux de Sa Majesté, ou par ceux de
» ses Sujets armés en Guerre, abattront
» le Pavillon, & améneront leurs Voi-
» les, *aussitôt* qu'ils auront réconnu le
» Pavillon de France, & qu'ils en au-
» ront été avertis par la Semonce d'un
» coup de Canon, tiré sans boulet. Le
» Vaisseau François ne pourra s'en ap-
» prôcher alors plus près qu'à la portée
» du Canon ; mais le Capitaine pourra
» seulement y envoyer sa Chaloupe avec
» deux ou trois hommes de Guerre, ou-
» tre l'Equipage nécessaire, auxquels le
» Capitaine, Maître ou Patron desdites
» Villes Anséatiques, représentera les
» Actes & Papiers, spécifiés dans les
» Articles XXXe, XXXIIe & XXXIIIe
» ci-dessus, & y sera ajoûté entiére foi &
» créance ; pourvû que le Contrat de
» Vente soit rédigé dans la forme portée
» par l'Article XXXe, & que les Passe-

» ports ou Lettres de Mer , & le Rôle
» d'Equipage , foient rédigés fuivant
» les formulaires qui feront inférés à la
» fin du préfent Traité. . . . . . Les Gens
» de Guerre du Vaiffeau François qui
» entreront dans le Navire des Villes An-
» féatiques , n'y feront aucune violence,
» ne recevront , ne prendront & ne fouf-
» friront qu'il y foit pris aucune chofe ,
» fous quelque prétexte ou pour quelque
» caufe que ce foit , à peine de reftitu-
» tion du quadruple , & même fous les
» autres peines portées par les Ordon-
» nances ; & lui laifferont continuer fa
» route , après qu'ils auront réconnu qu'il
» n'y a point de Marchandifes de Con-
» trebande , ni de Marchandifes & Effets
» apparténans à une Nation actuellement
» Ennemie de la France. . . . . . . Pour
» prévenir les infultes & violences qui
» pourroient être faites aux Gens de
» Guerre François qui feront entrés dans
» le Navire des Villes Anféatiques , le
» Capitaine fera tenu de faire paffer dans
» la Chaloupe Françoife , pareil nombre
» des principaux de fon Equipage , qui
» refteront jufqu'à ce que lefdits Gens de
» Guerre foient rembarqués.

§. IV.

Engagemens formels, pris par la GRANDE - BRETAGNE, au sujet de la Visite des Bâtimens Neutres.

NOUS avons fait voir ci-dessus (*) avec assez d'étendue, qu'il est conforme à la Raison que ce soient les Vaisseaux Belligérans qui s'assûrent & s'informent, si les Bâtimens Marchands Neutres ont les piéces & preuves réquises pour constater leur Neutralité effective, & s'ils n'ont point de Contrebande; que, pour cet effet, ces Vaisseaux ont le Droit de faire passer quelques personnes à bord de ces Bâtimens qui puissent se faire exhiber ces piéces, & empêcher par-là qu'on ne leur fasse aucun faux exposé; & enfin, que c'est à cela que doit se réduire en général la Visite desdits Bâtimens. Cette disposition de la droite Raison & de l'équité naturelle, est conforme aux Traités de la Grande-Bretagne avec d'autres Puissances sur ce sujet.

____

(*) Tome I. Partie II. Chapitre III. §§. XI. & XIV. pages 252 & 259. *seq.*

L'Article XIVe du *Traité* de cette Couronne *avec celle d'ESPAGNE*, de l'année 1667, en décide ainsi. En voici les paroles :

» En cas que des Vaiſſeaux Marchands
» ſoient rencontrés dans les Bayes ou
» en pleine Mer, par des Vaiſſeaux des
» Rois ou par leurs Armateurs, ceux-
» ci enverront leur Chaloupe à bord du
» Vaiſſeau Marchand , avec deux ou
» trois hommes ſeulement, auquel le
» Maître ou le Capitaine du Navire pré-
» ſentera ſon Paſſe-port, ſes Lettres de
» Mer , & ainſi de ſuite.

ON trouve la même Convention dans le Traité, fait cette même année, *entre* l'Angleterre & la *République des PRO-VINCES - CONFÉDERÉES* des Pays-Bas ; & à l'Article X^e de celui qui fut conclu l'année ſuivante 1668 , entre *ces mêmes Puiſſances* maritimes. (*)

ENFIN les ſtipulations arrêtées ſur ce point , entre l'*Angleterre* & la HOLLANDE, par les Articles V^e, VI_e & VIIe du fameux *Traité de Marine* & de Navigation de l'année 1674 , ſont

---

* *Voyez* Du Mont, Corps Diplomatique, Tome VII.

ſi détaillées & d'une clarté ſi grande,
que nous croyons devoir néceſſairement
les tranſcrire ici ſuivant leur forme &
téneur.   Elles ſont conçues en ces
termes :

» Afin qu'à l'avenir toutes queſtions
» & diſputes de part & d'autre, par
» terre & par mer, puiſſent ceſſer &
» être levées, on eſt convenu, que les
» Vaiſſeaux & Bâtimens de toutes les
» eſpéces, apparténans aux Sujets de
» Sa Majeſté, qui ſeront entrés ou qui
» entreront dans quelque Rade ou Port
» des Etats-Généraux & qui ſeront deſti-
» nés à d'autres endroits, ſeront *unique-*
» *ment* tenus de produire leurs *Lettres*
» *de Mer*, dont le formulaire ſe trou-
» vera ci-joint, aux Officiers du Port,
» ou, en cas que quelques Vaiſſeaux des
» Etats - Généraux ou d'autres Navires
» armés en Guerre par des particuliers,
» s'y trouvaſſent, aux Commandans d'i-
» ceux ; ſans que l'on puiſſe, ſous ce
» prétexte, rien demander auxdits Bâti-
» mens, ſoit en argent ou en marchan-
» diſe. Mais s'il arrivoit qu'en pleine
» Mer, ou dans des lieux qui ne ſont point
» ſous la domination des Etats-Généraux,
» les Vaiſſeaux de Guerre deſdits Etats

Tome II.   K

» ou leurs Armateurs rencontraſſent quel-
» que Navire appartenant aux Sujets du-
» dit Seigneur Roi d'Angleterre, pour-
» lors leſdits Vaiſſeaux des Etats-Géné-
» raux ou Armateurs de leurs Sujets,
» *ſe tiendront à une diſtance raiſonna-*
» *ble dudit Navire,* en *mettant uniquement*
» *leur canot en mer,* au moyen duquel
» il leur ſera permis de faire paſſer *ſeu-*
» *lement deux ou trois perſonnes à bord*
» des Vaiſſeaux ou Bâtimens des Sujets
» de Sa Majeſté, afin de ſe faire exhi-
» ber, par les Commandans de ces Bâ-
» timens apparténans aux Sujets de Sa
» Majeſté, les *Lettres de Mer* qui en prou-
» vent la propriété, ſuivant le formu-
» laire preſcrit ci-après. Ces Lettres de
» Mer étant produites, le Navire qui
» les aura produites ſera libre de pour-
» ſuivre ſon voyage ; ſans que l'on puiſſe
» en aucune maniére lui faire la moindre
» inquiétude, le viſiter, l'arrêter ou lui
» faire violence pour le détourner de ſon
» cours : Et jouiront tous les Sujets des
» Etats-Généraux de mêmes libertés &
» immunités à tous égards, dès qu'ils
» auront produit leurs Lettres de Mer,
» dreſſées d'après le formulaire preſcrit
» à la fin de ce Traité...... Si l'on

» rencontre quelque Navire ou Bâtiment,
» apparténant aux Anglois ou à d'autres
» Sujets de Sa Majefté, & deftiné à
» quelque Port qui eft en Guerre avec
» les Etats-Généraux, ou bien quelque
» Navire des Provinces-Unies, ou d'au-
» tres Sujets des Seigneurs Etats-Géné-
» raux, faifant route pour quelque Port
» de la domination des Ennemis de Sa
» Majefté, alors un tel Navire produira
» non - feulement fes Lettres de Mer,
» conformes au formulaire ci-après pref-
» crit, mais encore fes *Paffe-ports*, con-
» ténant la lifte des Marchandifes dont
» il eft chargé, & expédiés de la maniére
» ufitée, par les Commiffaires de l'Ami-
» rauté du Port dont il fera parti ; afin
» qu'il puiffe en apparoir, s'il eft chargé
» d'aucunes Marchandifes , prohibées
» par le troifiéme Article de ce Traité...
» En cas que, par la production des
» Paffe-ports, conténans la fpécification
» des Marchandifes chargées, & expédiés
» de la façon accoutumée par les Comm if-
» faires du Port d'où le Navire fera par-
» ti, production dont on eft convenu ci-
» devant, l'autre Partie trouvât quelques
» Marchandifes déclarées de Contreban-
» de ou interdites par le troifiéme Article

» du préſent Traité, & deſtinées pour
» les Ports de la domination de ſes En-
» nemis, *il ne ſera point permis de rom-*
» *pre la charge du Navire dans lequel on*
» *vient de les découvrir, d'en ouvrir ou*
» *d'en mettre en piéces les caiſſes, boë-*
» *tes, ballots ou bariques,* ou même
» d'ôter la moindre choſe de ces Mar-
» chandiſes, avant que la Cargaiſon ne
» ſoit premiérement déchargée à terre en
» préſence des Officiers de l'Amirauté
» & qu'il n'en ſoit fait un inventaire ;
» *encore moins ſera-t-il* aucunement *per-*
» *mis d'en rien vendre, cacher ou détour-*
» *ner de quelque maniére que ce puiſſe*
» *être,* avant qu'on n'ait au préalable pro-
» cédé légalement & dûement contre
» leſdites Marchandiſes prohibées, &
» qu'elles ne ſoient, ſuivant ce qui pa-
» roîtra, confiſquées par les Amirautés
» reſpectives ; le Navire auſſi-bien que
» les autres Marchandiſes qui s'y trou-
» veront, & qu'il eſt permis de voiturer
» librement ſuivant ce Traité, devant
» toujours être déclarés libres, de ſorte
» qu'ils ne ſçauront être arrêtés & décla-
» rés de bonne priſe, comme étant vi-
» ciés par les Marchandiſes défendues.
» Et au cas que toute la Cargaiſon ne

» fût point composée de Marchandises
» interdites ou de Contrebande, mais
» seulement une partie d'icelle, & que
» le Patron ou Commandant du Na-
» vire se déclarât prêt & résolu de les
» livrer à celui qui l'aura arrêté, le
» Preneur ne doit point contraindre un
» tel Navire à se rendre dans quelque
» Port qui lui sera commode; mais il
» doit le relâcher sur le champ, sans
» rien faire qui puisse s'opposer à ce qu'il
« ne poursuive librement & sans empê-
» chement, le voyage qu'il s'est proposé
» de faire.

§. V.

Dispositions ratifiées par l'ESPA-GNE & la HOLLANDE, sur ce sujet.

VOICI DE QUOI *l'Espagne* est convenue avec l'EMPEREUR Charles VI,
au sujet de la Visite des Navires de
leurs Sujets, en temps de Guerre, par
leur *Traité du Commerce* de 1725. Ce
sont les Articles V[e], VIe & VIIIe de ce
Traité qui la régle de la maniére suivante.

» Les Navires de charge ou mar-

» chands, de quelque grandeur qu'ils
» foient, qui, à raifon de la rigueur de
» la mer, ou du danger des Ennemis,
» ou pour quelque autre caufe que ce
» foit, entreront dans quelque Port,
» exhiberont au Gouverneur du lieu les
» *Lettres de Sauf-conduit* & leurs *Let-*
» *tres de Mer*, conçues fuivant la formule
» ci-deffous inférée ; après quoi, il leur
» fera libre de s'en aller & de fe retirer,
» fans être aucunement moleftés ou in-
» quiétés ; & ne feront obligés par aucune
» raifon, à les décharger, ou à les faire
» vifiter...... On en excepte néan-
» moins le cas, auquel quelqu'un def-
» dits Navires feroit deftiné pour quel-
» que Port Ennemi, & il apparoîtroit
» par les Lettres de Mer, qu'il feroit
» chargé de Marchandifes de Contre-
» bande ; auquel cas il a été trouvé bon
» qu'un tel Navire doit fubir la Vifite,
» laquelle toutefois ne fe fera qu'en pré-
» fence du Juge Confervateur de la Na-
» tion, s'il s'y en rencontre un tel, &
» du Conful, & avec cette modéra-
» tion & circonfpection, que les Mar-
» chandifes ne foient point difperfées,
» qu'on ne leur porte point de préjudice,
» & que les enveloppes ne foient point

» endommagées. Cependant les Mar-
» chandifes de Contrebande feront con-
» fifquées, le Navire reftant d'ailleurs
» en liberté avec les autres Marchandi-
» fes; & ne fera permis d'exiger pour
» ce fujet du Maître du Navire aucune
» amende pécuniaire, ni même aucuns
» frais, fous prétexte de vifite, ou des
» procédures faites. . . . . . Si un Navire
» de Guerre Impérial vient à rencontrer
» en pleine Mer un Navire Marchand,
» apparténant à des Sujets du Roi d'Ef-
» pagne, & de même de la part de
» l'Efpagne, le Navire Convoi, ou de
» Guerre, n'approchera point le Mar-
» chand plus près qu'à la portée du Ca-
» non, mais envoyera à fa rencontre la
» Chaloupe avec deux ou trois hommes
» feulement, auxquels le Maître du Na-
» vire Marchand exhibera fes *Lettres de*
» *Mer*, defquelles on pourra apprendre
» le lieu d'où il vient, celui auquel il
» appartient, & quelles Marchandifes
» il porte. Et au cas, qu'entr'autres
» Marchandifes, on découvrît qu'il en
» portât auffi de Contrebande pour les
» Ennemis du Seigneur du Navire de
» Guerre; en ce cas, & non en un au-

» tre, ces fortes de Marchandifes de
» Contrebande feront confifquées ; le
» Navire, l'Equipage & les autres Mar-
» chandifes démeurans libres. Mais *on
» devra ajoûter foi aux Lettres de Mer
» exhibées par le Maître du Navire ; &
» lorfqu'il fera jugé néceffaire, on con-
» viendra mutuellement d'une certaine
» marque qui devra être imprimée en
» même temps avec les Lettres de Mer,
» afin que l'on puiffe y ajoûter foi avec
» plus de confiance.*

LA maxime de la Légiflation univerfelle, que toute la Vifite des Bâtimens
Neutres doit prefque toujours être reftreinte à la feule infpection des Papiers
du Navire, eft d'une vérité fi lumineufe
& fi frappante, que même les Etats
Barbarefques, Ecumeurs de mer par
état, quelque avides qu'ils foient du bénéfice qui leur revient de leurs courfes,
en conviennent & en font convenus expreffément par leurs Traités. Nous n'en
citerons pour preuve, parmi un grand
nombre d'autres exemples, que le IVe
Article de celui que la *Régence d'AL-
GER* fit en 1726 *avec la République
d'Hollande,* & qui a été renouvellé en en-

tier, après une Guerre de peu de durée,
en 1757. Voici en propres termes la
téneur de cet Article :

» Quand les Corſaires d'Alger ren-
» contreront quelque Vaiſſeau de Leurs
» Hautes-Puiſſances, ſoit petit ou grand,
» commandé par les Sujets de Leurs
» Hautes-Puiſſances, ils ne pourront l'a-
» border qu'avec une Chaloupe, dans
» laquelle, outre les rameurs, il ne de-
» vra y avoir tout au plus que deux per-
» ſonnes ; & étant arrivés audit Vaiſſeau,
» il ne pourra y monter que deux hom-
» mes, ſans la permiſſion du Capitaine ;
» lequel ayant produit ſon *Paſſe-port*,
» la Chaloupe devra ſe retirer d'abord,
» ſans que le Vaiſſeau puiſſe être rétenu,
» ni détourné de pourſuivre ſon voyage.
» Et lorſque les Vaiſſeaux de Guerre de
» Leurs Hautes-Puiſſances rencontreront
» quelque Vaiſſeau Algérien, ſoit de
» Guerre ou Marchand, muni d'un Paſſe-
» port du Dey d'Alger, ou du Conſul
» Hollandois qui y réſide, on ne pourra
» toucher ledit Vaiſſeau d'aucune manié-
» re ; mais il continuera ſon voyage en
» toute ſûreté.

K v

CHAPITRE V.

DU JUGE COMPÉTENT ET DU PROCÈS DES PRISES NEUTRES, SUIVANT LE DROIT DES GENS CONVENTIONNEL.

SOMMAIRE.

§. I. *Avant-Propos.* §. II. *Stipulations, négociées par le DANEMARC concernant le Jugement & le Procès des Prises Neutres.* §. III. *Dispositions des Traités faits avec la FRANCE, en tant qu'elles régardent le Jugement & la Procédure contre les Prises Neutres.* §. IV. *Conventions de l'ESPAGNE sur le Procès & le Jugement des Prises Neutres.* §. V. *Accord entre la GRANDE-BRETAGNE & la République d'HOLLANDE, toûchant le Jugement & le Procès des Prises.*

§. I.

Avant-Propos.

SI LES NÉGOCIATEURS de toutes les Puiſſances Maritimes, dont les ſoins ont fait éclore les différentes Conventions que nous préſenterons à nos Lecteurs dans ce Chapitre, avoient fait attention à ce qui a été dit dans les trois premiers Chapitres de la premiére Partie de ce Volume, on auroit, ſans doute, lieu d'être plus ſatisfait de ces Conventions, au ſujet des Juges & du Procès des Priſes Neutres, que nous n'ôſons nous le promettre à préſent. Mais tel a été juſqu'ici le ſort des Peuples Commerçans & Navigateurs, qu'ils ont preſque tous été aſſez mal ſervis de ce côté-là. Non-ſeulement on a perdu de vûe les Arrêts du Droit des Gens Univerſel qui concernent le Jugement & le Procès des Priſes Neutres; mais les Traités mêmes, qui, cependant ont été faits exprès pour régler tout ce qui regarde leur Navigation & leur Commerce Maritime, s'expliquent là-deſſus d'une maniére ſi vague & ſi peu déterminée, qu'ils abandonnent preſque le tout aux

Loix Civiles & aux Ordonnances particuliéres de chaque Etat : De forte que
l'on a de la peine à fçavoir à quoi s'en
tenir fur cet Article ; quoiqu'il n'y ait
point de doute que cette matiére ne foit
du reffort du Droit des Gens , foit Univerfel , foit Conventionnel.

Si l'on excepte quelques Traités de
Commerce , négociés par des Etats peu
confidérables & dont la foibleffe les a
engagés à une extrême circonfpection ,
tous les autres ne parlent point , ou ne
parlent qu'en termes généraux , de cette
importante matiére. Les conteftations
fans nombre , nées du fein de cette indé-
cifion , qui fe font élevées entre les Puiffances Belligérantes & celles qui font
reftées Neutres durant la Guerre préfente , au fujet du Jugement ou du Procès des Prifes faites fur les Sujets des
derniéres , n'ont déja que trop vérifié
ce que nous venons d'avancer ; & les
Conventions mêmes que nous allons
communiquer à nos Lecteurs , achéve-
ront de prouver , combien notre réfle-
xion eft fondée.

§. II.

Stipulations négociées par le DA-
NEMARC, concernant le Juge-
ment & le Procès des Prises
Neutres.

NOUS l'avons déja obfervé ailleurs ;
le Traité de Commerce & de Navigation
qui fubfifte entre la *Cour de Copenha-*
gue & celle de VERSAILLES, eft un
des mieux entendus que nous ayons. S'il
ne léve ou ne prévient pas toutes les difficultés qui furviennent de temps en
temps entre les deux Nations, par rapport au Jugement & au Procès des Prifes, faites par l'une qui eft Belligérante
fur l'autre qui eft reftée Neutre, il y
remédie pourtant avec plus d'intelligence
que bien d'autres. Ce font les Articles
XXXVIe, XXXVIIe, XXXVIIIe &
XXXIXe de ce Traité, qui renferment
les ftipulations mutuelles des deux Cours
fur ce fujet, en ces termes :

  » Si les Sujets de l'un des deux Rois
» font offenfés ou reçoivent quelque in-
» jure ou quelque dommage dans le ter-
» ritoire de l'autre, le Roi du lieu où
» l'injure a été faite, aura foin qu'en

» cette occasion la Justice se rende promp-
» tement, selon le Droit & les Loix du
» Pays, & que ceux qui auront fait le
» tort ou l'injure, soient châtiés de la
» peine qu'ils auront méritée, avec obli-
» gation de réparer le dommage qu'ils
» auront causé. . . . . . Les deux Rois
» auront soin que les Jugemens & les
» Sentences touchant les Prises faites sur
» mer, soient rendus selon la Justice &
» *l'Equité*, par des personnes non-suspec-
» tes & non-intéressées, & commanderont
» fortement à leurs Officiers, que les Sen-
» tence rendues par ces mêmes personnes,
» soient entiérement exécutées selon leur
» forme & téneur. . . . . . S'il arrive que
» les Ambassadeurs ou autres Ministres
» publics de l'un des deux Rois, démeu-
» rans à la Cour de l'autre Roi, se plai-
» gnent des mêmes Sentences, le Roi
» qui en aura reçu la plainte, les fera
» revoir & examiner en son Conseil,
» afin que l'on connoisse, si le tout s'est
» passé selon les termes du présent Trai-
» té, & avec toutes les précautions lé-
» gitimes ; & que, s'il en est autrement,
» on y apporte les remédes nécessaires,
» ce qui se devra faire en trois mois au
» plus tard ; en observant que, ni avant

» qu'il y ait Sentence , ni pendant la
» révifion du Procès, il ne fera point
» permis de tirer hors des Navires les
» biens dont il s'agira , ni de les vendre
» ou détourner, à moins que ce ne fût du
» confentement des Parties , & pour évi-
» ter que les Biens & les Marchandifes
» ne vinffent à fe gâter. . . . . . Il fera
» libre aux Habitans & Sujets de l'un des
» deux Rois , de fe fervir dans les lieux
» de l'obéiffance de l'autre , de tels Avo-
» cats , Procureurs & Notaires que bon
» leur femblera , qui feront commis à cet
» effet par les Juges des lieux, quand il
» fera befoin & que les mêmes Juges en
» feront réquis. Il fera pareillement per-
» mis aux mêmes Sujets & Habitans de
» tenir aux lieux où ils feront leur de-
» meure , leurs Papiers , Livres de comp-
» tes , & autres Ecrits concernant leur
» Commerce, en la langue qu'ils vou-
» dront ; fans qu'ils puiffent être inquié-
» tés , ni recherchés pour cela.

L'E s p r i t des Difpofitions agréées
fur cet Article par le *Roi* d'une part ,
& Sa Majefté le Roi des Deux-Siciles de l'autre , eft affez conforme à
celui de celles dont nous venons de rendre compte ; quoiqu'elles paroiffent un

peu plus générales , & par conséquent
dreſſées avec moins de précaution.

Elles font l'objet des XXXI.ᵉ XXXIII.ᵉ
& XXXVII.ᵉ Articles du *Traité Perpétuel de Commerce* & de Navigation arrêté entre les deux Rois en 1758. Le premier de ces trois Articles porte ce qui ſuit :

» Les Vaiſſeaux , Navires , Marchan-
» diſes & Effets , apparténans aux Sujets
» des deux Séréniſſimes Rois Contrac-
» tans , ne pourront, pour quelque mo-
» tif que ce ſoit, être confiſqués dans
» les Etats reſpectifs ; à moins que le
» Procès n'ait été fait dans les régles,
» & ſelon les Loix , Uſages & Coûtu-
» mes, concernant les Marchandiſes pro-
» hibées , & qu'il ne ſoit intervenu Sen-
» tence de l'Amirauté.

Voici les deux autres Articles men-
tionnés de ce Traité , ſuivant leur forme
& téneur :

» Si une des Parties Contractantes
» vient à entrer en Guerre avec une au-
» tre Puiſſance , celle qui obſervera la
» Neutralité ſera la Maîtreſſe de rece-
» voir ou non dans ſes Ports, & de
» juger bonnes ou mauvaiſes les Pri-
» ſes qui ſe feront reſpectivement par les
» Puiſſances en Guerre ; ſans que celle

» qui aura guerre, puisse l'obliger de pro-
» céder plutôt en sa faveur, qu'en celle
» de tout autre. La Puissance Neutre
» pourra se conduire sans condescen-
» dance pour l'autre, & de la maniére
» qu'elle le jugera convenable pour l'assû-
» rance de sa Navigation, la sûreté de
» sa Marine, de ses Côtes & Ports,
» la tranquillité & l'avantage de son
» Commerce. . . . . . Les Sujets de Leurs
» Majestés jouiront réciproquement dans
» leur Commerce d'une protection spé-
» ciale, tant pour eux que pour leurs
» Domestiques, leurs Vaisseaux, Mar-
» chandises, & leurs Biens en général ;
» même avec la liberté de tenir leurs
» registres de correspondance, compte
» & autres Actes, concernant leur né-
» goce, en telle langue ou idiôme qu'il
» leur plaira ; & ils ne seront point obli-
» gés, sur-tout les Consuls, de les pro-
» duire contre leur gré devant quelque
» Juge ou Magistrat que ce soit, ni en
» tout, ni en partie, soit en temps de
» Guerre ou en temps de Paix ; & leurs
» personnes, leurs Vaisseaux, Bâtimens,
» & autres effets, leurs prétentions avec
» leur argent comptant, ne seront point
» arrêtés ou séquestrés pour dettes ou

» crimes d'autrui, à cause des prétentions
» que Leurs Majestés & leurs Couronnes
» pourroient former l'une contre l'autre.

LES Articles XXXe, XXXIIe, &
XXXVIe du *Traité perpétuel avec la
République de GÈNES*, de l'année
1756, ne différent en rien de ceux que
nous venons de rapporter.

§. III.

*Dispositions des Traités faits
avec la FRANCE, en tant qu'elles régardent le Jugement & la
Procédure contre les Prises Neutres.*

PARMI les Traités ratifiés par la
France, qui déterminent les Juges & la
forme de la Procédure contre les Prises Neutres, nous nommerons en premier lieu celui *des PYRENÉES*, de l'année 1659. Le XXIIIe Article de ce
Traité s'en explique, comme ci-après :

» Les Actions qui ont ci-devant été,
» ou qui seront ci-après intentées, par-
» devant les Officiers desdits Seigneurs
» Rois, pour Prises, dépouilles & re-
» présailles, contre ceux qui ne seront

» point Sujets du Prince en la Jurifdic-
» tion duquel lefdites actions auront été
» intentées , feront renvoyées , fans dif-
» ficulté , par - devant les Officiers du
» Prince , duquel les Défendeurs fe
» trouveront Sujets.

Ce fut probablement fur cet Article ,
mais fur-tout fur les circonftances des
temps qui paroiffoient très - favorables
pour une telle entreprife , que les Confuls de France , réfidans dans les différens Ports de l'Efpagne , fondoient le
Droit qu'ils s'attribuoient de connoître
des Prifes menées dans lefdits Ports
par les Sujets de Sa Majefté Très-Chrétienne , durant la Guerre pour la Suc-
ceffion du Roi Catholique , Charles II.
Cependant , malgré l'étroite liaifon qui
fubfifta alors entre le Souverain de ces
Confuls & celui des lieux , malgré que
le dernier ne fût monté fur le trône que
par le fecours du premier , & qu'il eût
encore abfolument befoin de fon appui
pour s'y foutenir , la Cour de Madrid
arrêta tout court cette nouvelle Jurifdiction des Confuls François , par la Déclaration du Mois de Décembre de l'année
1709 , qui la leur interdit formellement.

Le XVIIIe Article du Traité des

Pyrenées décide, que ce feront *les Ju-*
ges de l'Amirauté, *ou autres Compé-*
tens, qui prononceront fur la validité
des Prifes Neutres des deux Nations.

Voici encore le XXVe & le XXVIe
Articles du même Traité qui fe rappor-
tent à notre objet :

» Les Habitans & Sujets d'un côté
» & d'autre pourront, par-tout, dans
» les terres de l'obéiffance defdits Sei-
» gneurs Rois, fe faire fervir de tels Avo-
» cats, Procureurs, Notaires & Solli-
» citeurs que bon leur femblera ; à quoi
» auffi ils feront commis par les Juges
» ordinaires, quand il fera befoin & que
» lefdits Juges en feront requis : Et fera
» permis auxdits Sujets & Habitans, de
» part & d'autre, de tenir dans les lieux
» où ils feront leur demeure, les Livres
» de leur trafic & correfpondance, en
» la langue que bon leur femblera, foit
» françoife, efpagnole, flamande ou au-
» tres ; fans que pour ce fujet ils puif-
» fent être inquiétés ni récherchés. . . . .
» Lefdits Seigneurs Rois pourront éta-
» blir, pour la commodité de leurs Su-
» jets trafiquans dans les Royaumes &
» Etats de l'un & de l'autre, des Con-
» fuls de la Nation de leurfdits Sujets ;

» lefquels Confuls jouiront des Droits,
» Liberté & Franchife qui leur appar-
» tiennent par leur exercice & emploi;
» & l'établiffement en fera fait aux lieux
» & endroits où, de commun confente-
» ment, il fera jugé néceffaire.

Le *Traité de Commerce* , négocié avec la France *par les Villes* Anseatiques , & conclu en 1716 , s'explique un peu plus en détail fur le Procès des Prifes Neutres que ne le font plufieurs autres Traités. Le XXXIIe Article de ce Traité concerne les preuves qui feront exigées de ces Prifes :

» La preuve de la Patrie, *dit-il* , ou
» de la naturalifation, tant des Officiers
» que de l'Equipage, fera établie par les
» Paffe - ports ou Lettres de Mer, qui
» contiendront le nom & le port du
» Navire, le nom & le lieu de la naif-
» fance & de l'habitation du Proprié-
» taire, ainfi que du Maître ou Com-
» mandant du Navire ; lefquelles Let-
» tres feront renouvellées chaque année ,
» fi le Vaiffeau ne fait pas un voyage
» qui demande un plus long terme. La-
» dite preuve fera pareillement établie
» par le Rôle d'Equipage, bien & dûe-
» ment certifié.

L'Article XXXIIIe suivant renferme une difposition purement conventionnelle, en ce qu'elle exclud du Procès toutes les Piéces juftificatives que l'on voudra produire où faire venir après la Saifie :

» Toutes les Piéces néceffaires, *dit-il*, » pour connoître la Fabrique du Navire, » quel en eft le Propriétaire, la qualité » des Marchandifes & la Patrie des Of- » ficiers & Matelots, feront repréfen- » tées par le Capitaine, Maître ou Pa- » tron ; *fans que celles qui feroient rap- » portées dans la fuite, puiffent faire » aucune foi.*

Le refte du détail concernant le Procès & la Sentence, fait l'objet des XXXVIIIe & XXXIXe Articles du Traité. En voici les termes :

» Les Jugemens concernans les Prifes, » faites fur les Bâtimens des Villes An- » féatiques, par les Vaiffeaux du Roi, » ou par ceux des Armateurs François, » feront rendus avec toute la diligence » poffible, fuivant les Loix du Royau- »'me ; & fi les Miniftres ou autres de la » part defdites Villes, fe plaignent des » premiers jugemens, Sa Majefté les » fera revoir, pour en connoître fi les

» dispositions du présent Traité auront
» été observées , & ce dans trois Mois
» au plus tard : Pendant lequel temps
» les Marchandises ou Navires pris , ne
» pourront être vendus ni déchargés que
» du consentement du Capitaine ou Pa-
» tron , si ce n'est celles qui sont sujet-
» tes au dépérissement ; auquel cas le
» prix en sera déposé entre les mains d'un
» Négociant solvable. . . . . . . Lorsque
» l'Armateur se plaindra du premier ju-
» gement , le Capitaine , Patron ou
» Maître du Navire pris en aura la main-
» levée , sous bonne & suffisante cau-
» tion qui sera reçue devant les Officiers
» de l'Amirauté , tant avec l'Armateur
» qu'avec le Receveur des Droits de
» Monsieur l'Amiral : Mais si , au contrai-
» re , la Prise est déclarée bonne , &
» que le Capitaine , Maître ou Patron
» demande la réformation du jugement,
» l'Armateur ne pourra faire procéder à
» la vente du Vaisseau & des Marchan-
» dises , ni en disposer , même sous cau-
» tion , si ce n'est du consentement des
» Parties intéressées , ou pour éviter le
» dépérissement desdites Marchandises ;
» auquel cas le prix de la vente en sera
» remis entre les mains d'un Négociant

» solvable , pour être délivré à qui il
» appartiendra , après l'Arrêt définitif.

§. IV.

Conventions de l'ESPAGNE sur le Procès & le Jugement des Prises Neutres.

EN EXAMINANT plus haut dans cet Ouvrage (*) la Compétence des Juges , auxquels il appartiendroit de prononcer sur la validité des Prises Neutres , nous avons proposé l'établissement d'une nouvelle Jurisdiction qui fût exempte des défauts que la droite Raison & le Droit des Gens Universel, reprochent aux Tribunaux , chargés de nos jours du jugement de ces Prises. Le fonds de ce projet n'est point si nouveau que l'on se l'imagine peut-être. Il y a long-temps que des Nations entiéres ont senti , du moins en partie , les inconvéniens dont nous avons parlé aux endroits allégués ci-dessous , & l'incompétence des Juges d'une

---

(*) *Voyez* ci-dessus Partie I. Chapitre I.
§§. IV. V. VI. VII. & le Chapitre suivant,
§§. I. II. III.

Nation

Nation Souveraine & Belligérante, quand il s'agit de décider du fort d'un Navire faifi & amené forcément, apparténant à une Nation Neutre & également Souveraine.

Plufieurs Traités du dernier Siécle, & nommément ceux de 1604 & de 1630, conclus l'un & l'autre, *entre l'Efpagne & l'ANGLETERRE*, conviennent implicitement de cette incompétence. Ces deux Traités établiffent pour régle, le premier à l'Article XXXe, & le fecond, à l'Article XXVIIIe, » que la connoiffance des Procès qui » s'éléveront en Efpagne, concernant » les Prifes, doit être renvoyée aux » Juges du Royaume, dont feront ceux » contre qui la plainte fera formée.

Nous fommes bien éloignés d'envifager cette difpofition comme bonne à tous égards & entiérement exempte du vice de l'incompétence. Chacun s'apperçoit aifément combien une telle procédure, renvoyée d'un Etat dans un autre, doit être précaire, & fujette à des longueurs, des chicanes & à d'autres inconvéniens. Mais tout cela n'empêche pas que les engagemens pris par lefdits Articles de ces Traités, ne faffent voir clairement, que les Puiſſances Contractantes ont été très-perſuadées, qu'il convient qu'un Etat Neutre ait part au Jugement des Priſes, faites ſur ſes Sujets par les Peuples qui ſe font la Guerre.

NONOBSTANT cette perſuaſion, il ne paroît pas que l'Eſpagne ait jamais conſenti que les Conſuls étrangers, établis dans ſes Ports, y concouruſſent audit Jugement. L'Article XXVIIe du *Traité* qu'elle fit en 1667 *avec l'AN-GLETERRE*, & qui porte l'établiſſement des Conſuls Anglois dans les Ports de la Monarchie Eſpagnole, n'en parle point ; & l'Article XXIIe de *celui* qui fut paſſé *avec la République d'HOL-LANDE*, en 1714, paroît même ex-clure ces Conſuls de la connoiſſance de ces ſortes d'affaires, puiſqu'il dit : « Que » les Conſuls que Leurs Hautes-Puiſſan-» ces établiront dans les Etats dudit Sei-» gneur Roi, n'y ſeront que pour aider » & protéger leurs Sujets.

On voit bien que cette diſpoſition eſt trop générale & qu'elle borne trop la Commiſſion deſdits Conſuls, pour que l'on puiſſe en inférer qu'en vertu d'icel-le, ils ont le droit de participer au Juge-

ment des Prifes Hollandoifes, menées
dans les Ports d'Efpagne.

Lorfque nous examinâmes ci-deffus
(*) la queftion : Qui eft le Juge Compétent des Prifes Neutres, conduites
dans un Port, apparténant à une troifiéme Puiffance égalemeut Neutre ? Nous
fîmes voir que la décifion fur la légitimité d'une telle Prife, ne compéte point
exclufivement au Souverain des lieux ou
à fes Officiers, fuivant le Droit des
Gens Univerfel ; mais que ceux des autres Puiffances intéreffées devront y
avoir leur part pour qu'elle foit véritablement Compétente. Cet avis, fondé
fur les Loix de la Raifon, fe trouve
non-feulement confirmé en partie, par
les Articles des *Traités* de l'Efpagne *avec*
l'Angleterre, que nous venons d'alléguer ; mais lefdits Articles ôtent même
abfolument aux Officiers de Sa Majefté
Catholique, la faculté de connoître de
ces litiges : A moins que la validité
de la Prife en queftion, conduite dans
quelque Port de la domination Efpagnole, ne foit conteftée par quelqu'un de

---

(*) *Voyez* ci - deffus Tome II. Partie I.
Chapitre II. §. VIII.

ſes Sujets qui s'y trouve intéreſſé ; de ſorte que , hormis ce cas, & ſi le Réclamateur n'eſt point Sujet de l'Eſpagne, leſdits Traités ne réconnoiſſent aucunement la Juriſdiction Eſpagnole, à l'égard des Priſes que les Anglois méneront dans les Ports de cette Monarchie.

LE contenu de l'Article XXIe du *Traité*, paſſé en 1714, entre l'*Eſpagne & la République des* PROVINCES-UNIES des Pays-Bas, conduit à-peu-près au même réſultat. Cet Article qui renferme pluſieurs diſpoſitions, rélatives aux Priſes maritimes, défend aux Officiers Eſpagnols, de prendre connoiſſance de la légitimité de celles que les Vaiſſeaux de Guerre ou Armateurs Hollandois conduiront dans les Ports de l'Eſpagne. Il porte ce qui ſuit :

» Les Vaiſſeaux de Guerre du Roi
» Catholique & des Etats-Généraux, ou
» d'autres Navires de leurs Sujets qui
» auront été armés en Guerre, pourront
» conduire en toute liberté les Priſes
» qu'ils auront faites ſur leurs Ennemis,
» là où ils jugeront à propos ; ſans être
» ſujets à aucun droit, comme d'Ami-
» rauté ou tout autre, & cela dans le
» cas qu'ils ne déchargent point les effets

» de ces Prifes. Mais s'ils les déchar-
» gent, ce qu'ils pourront faire après
» en avoir obtenu la permiſſion, ils
» payeront reſpectivement les Droits
» d'entrée, & cela felon les Loix du
» parage. Bien entendu, qu'il ne fera
» pas permis de décharger des Marchan-
» difes de Contrebande ou prohibées,
» & que leſdits Vaiſſeaux ou leſdites Pri-
» fes qui entreront dans les Ports dudit
» Seigneur Roi, ou deſdits Seigneurs les
» Etats-Généraux, ne pourront être ar-
» rêtés, ni ſujets à l'*Embargo* ; & que
» *les Officiers des parages ne pourront*
» *prendre aucune connoiſſance de la va-*
» *lidité de ces Prifes.*

LES mêmes difpofitions ont été adop-
tées par le *Traité de Commerce*, figné
en 1725, entre *la Cour de* VIENNE &
celle de *Madrid.* Il eſt vrai qu'elles ne
ſe trouvent point inférées dans le Traité
même : Mais le XLVIIᵉ Article dit expreſſément, que tous les avantages qui
ont été ſtipulés en faveur de la Nation
Britannique dans les Traités de Madrid,
du 23 Mai 1667 & du 18 Juillet 1670,
comme auſſi dans les Traités de Paix
& de Commerce d'Utrecht, en 1713,
doivent être tenus pour nommément

exprimés & inférés en faveur des Sujets de Sa Majesté Impériale, en tant qu'ils pourront leur être appliqués; & que la même chose doit être entendue à l'égard des avantages qui ont été accordés aux Sujets des Provinces-Unies par le Traité de Paix de Munster, en 1648, le Traité de Marine de la Haye, en 1650, & par le Traité de Paix & de Commerce d'Utrecht, en 1714 : De sorte que si dans quelque cas il se rencontroit du doute sur ce qui devroit être observé en Espagne, ou dans les autres Royaumes du Roi Catholique, à l'égard des Sujets de Sa Majesté Impériale, les susdits Traités & les choses qui y ont été, par les précédens Rois d'Espagne & par Sa Majesté aujourd'hui régnante, accordées aux deux Nations susmentionnées, doivent servir pour modéle & pour régle, dans les cas douteux ou omis dans cet instrument.

D'ailleurs ce Traité ne fait directement aucune mention du Jugement des Prises Neutres, conduites dans les Ports des Puissances Contractantes. Tout ce qui peut y être en quelque sorte rélatif, fait l'objet du IVe Article dont voici la téneur :

» Les Navires Armés ou de Convoi,
» pourront en pleine sûreté améner dans
» les Ports respectifs les Prises faites sur
» les Ennemis, & aussi les en retirer,
» sans payer aucun droit d'imposition ou
» du Port ; à moins qu'il n'arrivât, qu'a-
» près en avoir demandé & obtenu la
» permission, ils voulussent vendre les
» Prises, en tout ou en partie, dans le
» même lieu ; auquel cas ils payeront
» les droits dont on est convenu à l'é-
» gard des Marchandises.

On a quelquefois prétendu que plusieurs Consuls étrangers, résidans dans
les différens Ports de l'Espagne, sont
autorisés à y juger les Prises, faites sur
leurs Nationaux, & nous avons déja observé que cette opinion ne paroît point
fondée. Si ce privilége apparténoit à
aucune Nation, le Traité dont nous
parlons, & qui réunit tous les avantages
accordés aux autres Peuples en fait de
Commerce & de Navigation, n'auroit
pas manqué de l'attribuer également aux
Sujets de la Cour de Vienne. Cependant les Articles XXVIIIe & XXIXe
qui portent l'établissement des Consuls,
en faveur des Sujets des Puissances
Contractantes, & qui déterminent les

Droits dont jouiront lefdits Confuls, ne
difent point que le Jugement des Prifes,
faites fur leurs Nationaux & conduites
dans les Ports refpectifs, fera en partie
l'objet de leur miffion. Voici lefdits Articles felon leur forme & téneur :

» Dans tous les Ports & principales
» Villes de Commerce, où l'Empereur
» & le Roi le jugeront à propos, il
» fera établi des Confuls Nationaux,
» qui feront chargés de la protection des
» Sujets *Marchands* de part & d'autre,
» & qui jouiront de tous les Droits, Au-
» torités, Libertés & Immunités, dont
» les autres Nations les plus amies ont
» coûtume de jouir...... Ces Confuls
» auront particuliérement pouvoir & au-
» torité fur les Difputes & Procès entre
» les Marchands & les Maîtres des Na-
» vires, ou entre ceux-ci & les Gens
» de leur Equipage, pour en connoître
» arbitralement & en décider, foit qu'ils
» aient été fufcités à raifon de leurs ga-
» ges & falaires, ou pour autre caufe ;
» de la Sentence defquels il ne fera point
» permis d'appeller aux Juges des Lieux,
» mais bien à ceux qui auront été établis
» par le Prince dont ils font eux-mêmes
» Sujets.

Ce qui a pû induire en erreur fur ce point, ce font les Juges Confervateurs que les Nations étrangéres eurent autrefois le droit de fe conftituer en Efpagne, & dont la Jurifdiction s'étendit fort loin, mais qui ont été abolis depuis long-temps. Ces Magiftrats furent établis en Efpagne à l'inftar de ceux que la Hanfe Teutonique fçut faire recevoir, pendant la vigueur de cette Confédération finguliére, dans plufieurs Villes non-fujettes à fa domination, & dont nous avons encore un échantillon à Bergen en Norvége.

Il feroit peut-être difficile à déterminer au jufte, jufqu'où lefdits Juges Confervateurs ont eu la faculté de prononcer fur la validité des Prifes ; mais il eft certain que leur autorité n'a plus lieu en Efpagne, comme le prouve l'Article XXXe dudit Traité avec l'Empereur, qui eft conçu en ces termes :

» Pour ce qui régarde les Juges Con-
» fervateurs qui, fous les régnes précé-
» dens, étoient en Efpagne une Magif-
» trature fort confidérable, que les Rois
» avoient autrefois permis aux Nations
» les plus favorifées de fe conftituer,
» avec pouvoir de connoître & de juger

» privativement toutes les caufes de leurs
» Nationaux , tant civiles que criminel-
» les ; on eft convenu, que fi Sa Majefté
» Catholique accordoit à l'avenir ce pri-
» vilége à quelque autre Nation, quelle
» qu'elle fût , le même doit être pareil-
» lement entendu accordé aux Sujets de
» Sa Majefté Impériale. Mais cependant
» il fera férieufement enjoint à tous Ju-
» ges & Magiftrats ordinaires , qu'ils
» aient à leur rendre promptement juf-
» tice , & à la faire exécuter fans délai
» & fans aucune partialité , faveur ou
» affection particuliére. Sa Majefté Ca-
» tholique confent au furplus , qu'il pourra
» être appellé des Sentences concernant
» les Sujets de Sa Majefté Impériale , au
» feul Confeil de Commerce à Madrid,
» & non à nul autre.

§. V.

Accord entre la GRANDE-BRE-
TAGNE *& la République d'*HOL-
LANDE *, toûchant le Jugement
& le Procès des Prifes.*

LE TRAITÉ *de Marine & de Navigation* de 1674, eft une efpéce de Code,

qui régle les devoirs, auxquels la Grande-Bretagne & la République des Provinces-Unies des Pays-Bas font mutuellement obligés, à l'égard de leur Commerce maritime & de leur Navigation refpective. Voici en propres termes ce que les Articles XIe, XIIe, XIIIe & XIVe de ce Traité, ordonnent, par rapport au Jugement & au Procès des Prifes, que l'une des Parties Contractantes étant en Guerre, fera fur l'autre qui fera reftée Neutre à fon égard :

» Sa Majefté & lefdits Seigneurs » Etats-Généraux étant réfolus de traiter » leurs Sujets refpectifs, dans tous les » Pays de leur domination, avec la » même faveur que leurs propres Sujets, » donneront les ordres néceffaires & » précifes, qu'au fujet des Prifes la juf-» tice foit adminiftrée, fuivant la régle » du Droit & de l'Equité, par des Juges » non-fufpects, & qui ne font aucune-» ment intéreffés dans la caufe dont il » fera queftion. Sa Majefté & lefdits » Seigneurs Etats - Généraux donneront » auffi ftrictement commiffion & ordre, » que les Sentences prononcées ou à » prononcer, aient leur effet & foient » dûement exécutées, fuivant leur forme

» & téneur...... Ainſi ſi les Ambaſ-
» ſadeurs deſdits Etats-Généraux, ou
» autres Miniſtres munis d'autorité pu-
» blique, qui réſideront à la Cour de Sa
» Majeſté Britanique, ſe plaindront de
» l'iniquité des Sentences prononcées,
» Sa Majeſté aura ſoin qu'elles ſoient
» revues & examinées dans ſon Con-
» ſeil ; afin qu'il paroiſſe, ſi les conven-
» tions & clauſes, preſcrites par le pré-
» ſent Traité & y contenues, ont eu
» l'effet qu'elles doivent avoir ; Elle aura
» auſſi ſoin que l'on y pourvoye pleine-
» ment, & qu'il ſoit rendu juſtice à cha-
» cun qui ſe plaint, dans l'eſpace de
» trois mois. De même, ſi les Ambaſ-
» ſadeurs ou autres Miniſtres de Sa Ma-
» jeſté, munis d'autorité publique, qui
» réſident auprès de Leurs Hautes Puiſ-
» ſances, ſe plaignent de l'injuſtice des
» Sentences, leſdits Etats ſeront tenus
» de faire en ſorte dans l'Aſſemblée des
» Etats-Généraux, que la réviſion deſ-
» dites Sentences ſe faſſe, afin qu'il pa-
» roiſſe, ſi les ordres & clauſes de ce
» Traité, ont eu leur plein effet : Auſſi
» doivent-ils prendre ſoin que la cauſe
» ſoit entiérement terminée & qu'il ſoit
» rendu juſtice aux Plaignans, dans l'eſ-

» pace de trois mois. En attendant, il
» ne fera aucunement permis, ni avant
» ni après l'Arrêt rendu, la révifion de
» l'une ou de l'autre partie n'étant pas
» encore achevée, de vendre ou de dé-
» charger les effets en conteftation ; à
» moins qu'il ne fe faffe du confente-
» ment de ceux qui y font intéreffés. . . . .
» Le Procès étant inftruit entre le Pre-
» neur de la Prife & le Réclamateur d'i-
» celle, & la Sentence ou l'Arrêt étant
» rendu à l'avantage du dernier, ledit
» Arrêt ou ladite Sentence feront mis en
» exécution fous caution ; nonobftant
» l'appel du Preneur au Juge Suprême :
» Ce qui n'aura pas lieu, fi la Sentence
» eft contraire au Réclamateur. . . . . . .
» Et comme les Maîtres des Navires
» Marchands, auffi-bien que les Mate-
» lots & les Paffagers, font fouvent ex-
» pofés à des mauvais traitemens & à
» beaucoup de méchanceté barbare, de
» la part de ceux qui vont en courfe en
» temps de Guerre, & que les Preneurs
» féviffent contr'eux d'une maniére inhu-
» maine, pour extorquer d'eux telle con-
» feffion qu'ils fouhaitent;on eft convenu,
» que Sa Majefté & les Seigneurs Etats-
» Généraux défendront ces inhumanités

» malicieuses par les Loix les plus févé-
» res; qu'ils infligeront à ceux, qui paroî-
» tront en justice coupables de ces for-
» faits, des peines justes, méritées &
» suffisantes pour inspirer de la terreur ;
» & qu'enfin ils puniront préférablement,
» suivant la nature de leur délit, & caf-
» feront même, les Capitaines ou Offi-
» ciers des Vaisseaux qu'on trouvera
» avoir commis ces crimes, soit par eux-
» mêmes, soit en y excitant d'autres
» ou en usant de connivence à l'égard
» des criminels. On relâchera aussi promp-
» tement tous les Navires pris dont l'E-
» quipage ou les Passagers auront été
» tourmentés ; de sorte que ces Navi-
» res, avec toute leur Cargaison, seront
» affranchis de toute inquisition & pré-
» tention ultérieures, soit judiciaire ou
» extrajudiciaire.

CHAPITRE VI.

Conventions de plusieurs Souverains, au sujet de la Déclaration de bonne Prise, rélativement aux Navires Neutres.

Sommaire.

§. I. *Avant-Propos.* §. II. *Conventions faites par le DANE-MARC, au sujet de la Déclaration de bonne prise.* §. III. *Engagemens pris par la FRANCE, au sujet de la Déclaration de bonne prise, rélativement aux Navires & Effets des Neutres.* §. IV. *Stipulations arrêtées par les Traités avec l'ESPAGNE sur ce sujet.* §. V. *Convention entre l'ANGLETERRE & la République des PROVINCES-UNIES des Pays-Bas.*

§. I.

Avant-Propos.

TOUT ce qui eſt naturellement juſte ne ceſſe jamais de l'être ; quoique l'on ne ſoit pas toujours obligé à le pratiquer. Il y a des Droits auxquels on peut rénoncer ou que l'on peut modifier, & des Devoirs que les hommes peuvent s'impoſer les uns aux autres, & dont ils peuvent, quand ils le jugent à propos, ſe diſpenſer mutuellement. On ne viole pas toujours la Juſtice univerſelle, en ténant une conduite différente de celle qu'elle enjoint ; pourvû que l'on agiſſe de l'aveu ou du conſentement de celui qui eſt en droit d'exiger de nous les Devoirs qui y ſont rélatifs.

Nous avons fait connoître ailleurs (*) fort au long, ce qui eſt univerſellement juſte au ſujet de la Déclaration de bonne Priſe, rélativement aux Navires Neutres ; & ce que nous avons dit & prouvé là-deſſus, ne ceſſe jamais

______

(*) *Voyez* le IVᵉ Chapitre de la premiére Partie de ce ſécond Tome.

d'être équitable ; quoique tous les Etats ne foient pas toujours obligés à s'y conformer. Il y en a qui, par des Conventions expreffes, ont renoncé à quelques-uns de leurs Droits qui fe rapportent à cet objet, qui les ont modifié, ou qui en ont acquis d'autres ; & par conféquent, il y a des Peuples qui fe font difpenfés les uns les autres de quelques Devoirs fur ce fujet, ou qui mutuellement s'en font impofés d'autres, qu'ils n'avoient point naturellement. Les Nations qui obfervent ces difpofitions de leurs Traités, ces Ordonnances conventionnelles du Droit des Gens Sécondaire, quoique différentes de celles du Droit des Gens Primitif fur les mêmes objets, ne violent aucunement l'Equité naturelle ; au contraire, elles la blefferoient, fi elles n'exécutoient pas réligieufement leurs engagemens.

Le récit que nous allons faire de ce que les Stipulations de plufieurs Traités arrêtent, au fujet de la Déclaration de bonne Prife, à l'égard de la Navigation & du Commerce des Neutres, nous mettra au fait de la différence, ou de la conformité, qui fubfiftent entre ces difpofitions de convention, & celles du

Code primitif des Puissances Souveraines sur le même sujet.

§. I I.

Conventions faites par le DANE-MARC, au sujet de la Déclaration de bonne Prise.

LE XXIVe Article du *Traité de Commerce avec la FRANCE*, établit là-dessus la disposition suivante :

» Au cas que dans les mêmes Navi-
» res Marchands qui iront aux susdits
» Havres & Ports de l'Ennemi, il se
» trouve des Marchandises & Biens dé-
» clarés de Contrebande & défendus,
» ces Marchandises & ces Biens-là seu-
» lement seront déchargés, dénoncés &
» confisqués devant les Juges de l'Ami-
» rauté du lieu ; sans que pour cela le
» Navire ou les autres Marchandises, &
» les autres Biens non-défendus, trou-
» vés au même Navire, puissent être en
» aucune façon saisis ni confisqués, &
» sans qu'on puisse en pareil cas exiger
» des Sujets respectifs, aucune amende
» ou peine précuniaire, ni aucuns frais,
» sous quelque prétexte que ce soit.

Après cette Déclaration non moins juſte que bienfaiſante pour le Commerce des deux Nations, le XXVe Article pourſuit dans le même eſprit :

» S'il arrive qu'un Navire de Guerre
» de l'une des deux Couronnes, prenne
» un Navire de l'autre, chargé de Mar-
» chandiſes de Contrebande, il ne ſera
» pas permis à ceux qui auront fait cette
» priſe, d'ouvrir ou rompre les coffres,
» caiſſes, tonnes, & ballots qui s'y
» trouveront, ni de tranſporter aucune
» des Marchandiſes, ou en rien détour-
» ner, par quelque voie que ce ſoit,
» qu'auparavant elles n'aient été miſes
» à terre, & que l'inventaire n'en ait
» été fait dans les formes devant les
» Juges de l'Amirauté : A moins que ces
» Marchandiſes de Contrebande ne faſ-
» ſent ſeulement partie de la charge,
» & que celui à qui elles appartiennent,
» voulant continuer ſon chemin, les
» quitte de ſon bon gré, & ſans que
» perſonne l'y contraigne, à ceux qui
» auront fait la Priſe, au quel cas il ne
» pourra pas être détenu, ni retardé en
» ſon voyage par qui que ce ſoit.

Enfin le XXVIIIe Article de ce Traité, déroge à la Loi générale des Nations

qui, comme il a été prouvé plus haut, veut que les Biens des Neutres, trouvés à bord d'un Navire de l'Ennemi, soient restitués ; pourvû que la propriété en soit évidente. La régle conventionnelle que le commencement dudit Article autorise là - dessus au contraire, est conçue en ces termes :

» Tout ce qui se trouvera chargé par » les Sujets du Sérénissime Roi Très- » Chrétien, dans des Navires apparté- » nans aux Ennemis du *Sérénissime Roi* » *de Danemarc*, quoique n'étant pas » Marchandises de Contrebande, sera » confisqué, avec tout ce qui se trou- » vera dans les mêmes Navires, sans » exception ni réserve. On fera de même » de tout ce qui se trouvera chargé par » les Sujets du Sérénissime Roi de Dane- » marc, dans des Navires apparténans » aux Ennemis du Roi Très-Chrétien.

LE XVIIe Article du *Traité* perpétuel *de Commerce avec les* DEUX-SICILES, est conforme, quant à sa disposition, au XXIVe de celui avec la France, dont nous venons de rendre compte.

» Les Marchandises de Contrebande, *y est-il dit vers la fin*, » seront confis- » quées, le Navire restant d'ailleurs en

» en liberté avec les autres Marchandi-
» fes ; & ne fera permis pour ce fujet
» d'exiger du Maître du Navire aucune
» amende pécuniaire, ni même aucuns
» frais, fous prétexte de vifite ou de pro-
» cédures faites, ou fous quelque autre
» prétexte que ce puiffe être.

L'Article XXe de ce même Traité,
femblable en cela au XXVIIIe du précédent, déclare confifcables & de bonne
prife les Marchandifes ou Effets des Sujets Neutres, trouvés à bord des Navires Ennemis ; mais il ufe en même
temps d'une circonfpection qui adoucit
la rigueur de la régle, qu'il établit en
la modifiant, en ces termes :

» Pour prévenir toutes fortes d'inter-
» prétations des deux côtés, il a été fti-
» pulé, qu'en cas de Guerre fubite &
» non prévue, lorfque les Sujets de l'une
» ou de l'autre Puiffance auront, par
» ignorance de la rupture, embarqué
» dans un Vaiffeau Ennemi leurs Mar-
» chandifes, ils ne feront pas fujets à une
» confifcation, qu'ils n'ont pû ni dû en-
» courir ; qu'au contraire, les Marchan-
» difes leur feront fidélement rendues,
» fans payer aucun impôt ou droit ; ce
» qui doit être entendu & s'entend des

» Bâtimens & Biens des propres Sujets,
» quand l'un des Sérénissimes Contrac-
» tans entre en Guerre avec l'autre,
» aussi-bien que des Marchandises em-
» barquées sur des Navires d'une Puis-
» sance tierce, qui devienne Ennemie
» de l'un des mêmes Sérénissimes Con-
» tractans : Et pour ôter à cet égard toute
» occasion de dispute, on est convenu
» de certains espaces & intervalles de
» temps, accordés selon la distance des
» endroits, sçavoir : Six mois après la
» Déclaration de la Guerre, pour les
» Marchandises embarquées dans la Mer
» Baltique & dans le Nord, au Cap
» de Norvégue [Næs] jusqu'à l'extrémité
» du Canal d'un côté, & de l'autre dans
» quelque port que ce soit de la Médi-
» terranée ; de même, six mois pour les
» Marchandises qui viennent plus loin du
» Détroit de Gibraltar, jusqu'à la ligne
» équinoctiale ; & le terme d'un an pour
» toutes celles qui ont été embarquées
» dans ce même espace temps au-delà de
» ladite ligne, en quelque Port du monde
» que ce puisse être : Le tout, afin que les
» Sujets respectifs de Leurs Majestés
» Contractantes aient un temps suffisant,
» pour prévenir toute sorte d'inconvé-

» niens. Mais les Marchandiſes, qui,
» après leſdits termes expirés, ſeront
» trouvées à bord des Vaiſſeaux Enne-
» mis, ou ſur des Navires d'une Puiſ-
» ſance tierce qui fût devenue Ennemie
» d'un des deux Séréniſſimes Contrac-
» trans, ſeront ſujettes à confiſcation, de
» la même maniére que ſi elles apparte-
» noient aux Sujets mêmes des Ennemis.

CES mêmes Conventions ſur la Déclaration de bonne Priſe, ſe trouvent
répétées mot pour mot dans le *Traité*
perpétuel d'Amitié, de Commerce &
de Navigation, conclu en 1756, entre
le Roi & la *République de GÉNES*,
aux Articles XVIᵉ & XIXᵉ.

§. III.

Engagemens pris par la FRANCE,
au ſujet de la Déclaration de
bonne Priſe, rélativement aux
Navires & Effets des Neutres.

LE TRAITÉ des PYRENÉES, fait
en 1659 avec l'ESPAGNE, s'exprime
là-deſſus, aux Articles XVIIIᵉ & XIXᵉ,
de la maniére ſuivante :

» Au cas que dans leſdits Vaiſſeaux

» & Barques Françoises, se trouvent,
» par les moyens susdits, quelques Mar-
» chandises & Denrées de celles qui sont
» ci-dessus déclarées de Contrebande &
» défendues, elles seront déchargées,
» dénoncées & confisquées par-devant
» les Juges de l'Amirauté d'Espagne, ou
» autres Compétens, sans que, pour
» cela, le Navire & Barque ou autres
» Biens, Marchandises & Denrées libres
» & permises, retrouvées au même Na-
» vire, puissent être en aucune façon
» saisies ou confisquées...... Il a été
» en outre, accordé & convenu, que
» tout ce qui se trouvera chargé par les
» Sujets de Sa Majesté Très-Chrétienne,
» en un Navire des Ennemis dudit Sei-
» gneur Roi Catholique, bien que ce
» ne fût point Marchandise de Contre-
» bande, sera confisqué avec tout ce qui
» se trouvera audit Navire, sans excep-
» tion ni réserve : Mais d'ailleurs aussi
» sera libre & affranchi tout ce qui sera
» & se trouvera dans les Navires appar-
» ténans aux Sujets du Roi Très-Chré-
» tien, encore que la charge, ou partie
» d'icelle, fût aux Ennemis dudit Sei-
» gneur Roi Catholique ; sauf les Mar-
» chandises de Contrebande, au régard
desquelles

» defquelles on fe réglera felon ce qui a
» été difpofé aux Articles précédens.

L'Article XXe fuivant ftipule là-deffus une parité parfaite entre les deux Souverains Contractans, & leurs Sujets refpectifs de part & d'autre ; de forte que chacun des deux partis doit ufer réciproquement des mêmes reftrictions & conditions exprimées, aux Articles du Traité, qui régardent le trafic & le commerce.

Il a été prouvé ailleurs (*) qu'aucune Prife Neutre ne doit être confifquée ou déclarée bonne , après la fignature ou la publication de la Paix , quelle qu'ait été la caufe, la raifon ou le prétexte de fa Saifie. Cette maxime eft fi peu douteufe, que la France & bien d'autres Puiffances l'ont adoptée formellement dans leurs Traités de Paix, même en faveur des Prifes faites fur l'Ennemi.

Ainfi l'Article IIe du *Traité de Paix*, *conclu à* Nimégue le 10 Août 1678, entre Louis XIV, Roi de France, & les Seigneurs Etats-Généraux des Provinces-Unies des Pays-Bas, ftipule là-deffus ce qui fuit :

______

(*) *Voyez* ci-deffus Tome II. Partie I, Chapitre IV. §. X.

» Si quelques Prises se font de part
» ou d'autre, dans la Mer Baltique ou
» celle du Nord, depuis Ter-Neuze,
» *c'est-à-dire, le Cap de la Norvége ,*
» jusqu'au bout de la Manche dans l'es-
» pace de quatre Semaines, ou du bout
» de ladite Manche, jusqu'au Cap de
» Saint-Vincent dans l'espace de six Se-
» maines, & de-là dans la Méditerra-
» née & jusqu'à la ligne, dans l'espace
» de dix Semaines, & au-delà de la
» ligne & en tous les autres endroits du
» monde, dans l'espace de huit mois,
» à compter du jour que se fera la pu-
» blication de la Paix à Paris & à la
» Haye, lesdites Prises & les domma-
» ges qui se feront de part ou d'autre,
» après le terme préfix, seront portés
» en compte, & tout ce qui aura été pris
» sera rendu, avec compensation de tous
» les dommages qui en seront provenus.

On trouve la même Stipulation dans
le *Traité de Paix, fait à* RYSWYCK,
le 20 Septembre 1697, entre la France
& la République d'Hollande, à l'Article IIIe.

Celui qui fut signé le même jour & au
même endroit, entre la *France* & Guillau-
me III, Roi de la GRANDE-BRETA-

GNE, s'explique encore avec plus de précision sur ce point, en posant pour terme,
non pas la publication de la Paix, comme
le fait le Traité de Nimégue ci-dessus cité,
mais la conclusion ou la signature du Traité, comme le demande le Droit des Gens
Universel. C'est le Xe Article dudit Traité qui en ordonne ainsi, en ces termes :

» Pour prévenir & retrancher tous
» les Sujets de plaintes, contestations
» ou procès, qui pourroient naître à
» l'occasion de la restitution prétendue
» des Vaisseaux, Marchandises ou autres
» Effets de même nature, qui seroient
» pris & enlevés ci-après de part & d'au-
» tre, depuis le présent Traité de Paix,
» conclu & signé ; mais avant qu'il eût
» pû être connu & publié sur les côtes
» ou dans les pays les plus éloignés, on
» est convenu, que tous Navires, Mar-
» chandises & autres Effets semblables,
» qui, depuis *la signature* du présent
» Traité, pourront être pris & enlevés
» de part & d'autre, demeureront sans au-
» cune obligation de récompense à ceux
» qui s'en feront saisis, dans les Mers Bri-
» tannique & Septentrionale pendant l'es-
» pace de 12 jours, immédiatement après
» la signature & publication dudit Traité,

» & dans l'efpace de fix Semaines pour
» les Prifes faites depuis lefdites Mers
» Britannique & Septentrionale, jufqu'au
» Cap de Saint-Vincent, & depuis ou
» au-delà de ce Cap, jufqu'à la ligne,
» tant dans l'Océan que dans la Mer Mé-
» diterranée, ou ailleurs, dans l'efpace
» de dix Semaines; & enfin dans l'ef-
» pace de fix mois au-delà de la Ligne,
» & dans tous les endroits du monde,
» fans aucune exception, ni autre ou
» plus particuliére diftinction de temps
» ou de lieu.

La même Difpofition fe trouve encore
inférée dans l'inftrument de la Paix, con-
clue le même jour à *Ryfwyck*, *entre* la
France & Charles II, Roi d'ESPAGNE,
à l'Article XXVe, avec cette feule différence que la forme en apprôche davantage celle des Traités de Nimégue &
de Ryfwyck, faits avec la Hollande &
allégués ci-deffus.

La Difpofition la plus ample & la
plus détaillée que nous ayons dans aucun Traité fur la Déclaration de bonne
prife ou la confifcation des Prifes Neutres & de leurs Cargaifons, c'eft celle
qui forme une partie du *Traité de Commerce*, arrêté à Paris en 1716, entre

la *France* & les *Villes ANSEATIQUES.*
Elle en occupe douze Articles entiers ; &
quoiqu'il s'en faille beaucoup qu'elle soit
de nature à pouvoir servir de régle générale ; elle est pourtant si remarquable ,
par l'exactitude avec laquelle elle déter-
mine tout ce qui regarde ladite Déclaration de bonne Prise , que nous croyons
devoir la transcrire ici verbalement.

Elle commence par le XVIe , & ne
finit qu'avec le XXVIIIe Article du Traité.   Parmi tous ces Articles , il n'y a
que le XXIIIe qui ne régarde point directement la Déclaration de bonne Prise , & que par conséquent nous omet-
trons.   Voici les autres :

» Les Marchandises de Contrebande,
» & les Denrées de la qualité spécifiée
» par les Articles précédens & dans les
» cas y expliqués , qui se trouveront
» sur les Navires des Villes Anséatiques ,
» seront confisquées ; mais le Navire ni
» le reste en chargement , ne sera pas
» sujet à la confiscation...... Si les
» Capitaines ou Maîtres desdits Navi-
» res avoient jetté leurs Papiers à la
» Mer , le Navire & tout le chargement
» sera confisqué...... Les Navires des
» Villes Anséatiques , avec leur charge-

» ment , feront de bonne Prife., lorfqu'il
» ne fe trouvera ni *Charte - Partie* , ni
» *Connoiffemens* , ni *Factures*.......
» Les Capitaines, Maîtres ou Patrons
» des Navires defdites Villes Anféati-
» ques , qui auront refufé d'amener leurs
» voiles après la femonce qui leur en
» aura été faite par les Vaiffeaux de Sa
» Majefté , ou par ceux de fes Sujets
» armés en Guerre, pourront y être con-
» traints ; & en cas de réfiftance , ou
» de combat , lefdits Navires feront de
» bonne Prife...... S'il arrivoit qu'un
» Capitaine ou Commandant d'un Vaif-
» feau François arrêtât un Navire des
» Villes Anféatiques , chargé de Mar-
» chandifes de Contrebande ou de Den-
» rées dans les cas ci-deffus fpécifiés , il
» ne pourra faire ouvrir , ni rompre les
» coffres , malles , balles , ballots , bou-
» gettes , tonneaux & autres caiffes ,
» ni les tranfporter , vendre , échanger
» ou autrement aliéner , qu'après qu'ils
» auront été mis à terre , en préfence
» des Officiers de l'Amirauté , & après
» l'inventaire par eux fait, defdites Mar-
» chandifes de Contrebande ou Den-
» rées...... Ne pourra pareillement
» le Capitaine ou Commandant d'un

» Vaiſſeau François , ou quelque autre
» perſonne que ce ſoit , dans le cas ci-
» deſſus , vendre ou acheter , échanger
» ni recevoir , directement ni indirecte-
» ment , ſous quelque titre ou prétexte
» que ce ſoit , aucune Marchandiſe de
» Contrebande , ni Denrées , qu'après
» que la priſe en aura été déclarée bon-
» ne. . . . . . Les Vaiſſeaux deſdites Vil-
» les Anſéatiques , ſur leſquels il ſe trou-
» vera des Marchandiſes apparténantes
» aux Ennemis de Sa Majeſté , ne pour-
» ront être rétenus , amenés ni confiſ-
» qués , non plus que le reſte de leur
» Cargaiſon ; mais ſeulement leſdites
» Marchandiſes apparténantes aux Enne-
» mis de Sa Majeſté , ſeront confiſquées ,
» de même que celles qui ſeront de Con-
» trebande ; Sa Majeſté dérogéant à
» cet égard à tous uſages & Ordonnan-
» ces à ce contraires , même à celles des
» années 1536 , 1584 & 1681 , qui
» portent que la robbe ennemie confiſ-
» que la Marchandiſe & le Vaiſſeau Ami.
» Bien entendu que ſi la partie du char-
» gement qui ſe trouvera ſujet à confiſ-
» cation , étoit ſi conſidérable , qu'elle
» ne pût être chargée ſur le Vaiſſeau
» François , il ſera permis en ce cas au

» Capitaine du Navire François de con-
» duire le Navire des Villes Anséatiques
» dans le plus prochain Port de France,
» pour être les Marchandises, sujettes à
» confiscation, déchargées sans rétarde-
» ment ; après quoi, le Vaisseau des
» Villes Anséatiques, avec le reste de
» la Cargaison, sera relâché & mis en
» pleine liberté...... Toutes les Mar-
» chandises & Effets, apparténans aux
» Sujets des Villes Anséatiques, trou-
» vés dans un Navire des Ennemis de
» Sa Majesté, seront confisqués, quand
» même ils ne seroient pas de Contre-
» bande....... Si quelques Marchan-
» dises apparténantes aux Sujets des Vil-
» les Anséatiques, se trouvent chargées
» sur des Vaisseaux d'une Nation deve-
» nue Ennemie de Sa Majesté depuis
» le chargement, elles ne seront point
» sujettes à confiscation : Non plus que
» les Marchandises, apparténantes aux
» Sujets des Villes Anséatiques qui au-
» ront été chargées sur un Vaisseau En-
» nemi avant la Déclaration de la Guer-
» re ; pourvû que le chargement en ait
» été fait dans les termes ou délais, ré-
» glés par l'Article suivant...... Les-
» dits termes ou délais seront de quatre

» Semaines pour les Marchandises char-
» gées dans la Mer Baltique ou dans
» celle du Nord, depuis Ter-Neuze en
» Norvégue, jusqu'au bout de la Man-
» che. De six Semaines depuis le bout de
» la Manche jusqu'au Cap Saint-Vincent.
» De dix Semaines depuis le Cap Saint-
» Vincent dans la Mer Méditerranée, &
» jusqu'à la Ligne. Et enfin de huit mois
» au-delà de la Ligne & dans tous les
» autres endroits du monde. Tous ces
» termes ou délais s'entendront à comp-
» ter du jour de la Déclaration de
» la Guerre. Si lesdites Marchandises
» avoient été chargées après l'expiration
» desdits termes, elles seront confisquées...
» Si parmi les Marchandises ainsi char-
» gées dans lesdits délais, il s'en trouve
» de Contrebande, elles ne seront ren-
» dues qu'après une sûreté suffisante,
» telle qu'elle est expliquée dans l'Arti-
» cle suivant, qu'elles ne seront point
» transportées en pays ou lieu Enne-
» mi. . . . . . . Si dans les délais ci-dessus
» expliqués, le Capitaine ou Comman-
» dant du Vaisseau François veut rete-
» nir ces Marchandises de Contreban-
» de, il sera en droit de le faire, en
» payant la juste valeur, suivant l'esti-

» mation qui en fera faite de gré en gré ;
» & en cas de difficulté fur ladite efti-
» mation, ou que le Capitaine François
» ne juge pas à propos de les retenir,
» le Capitaine ou Maître du Vaiffeau des
» Villes Anféatiques fera tenu de don-
» ner fa foumiffion, de rapporter dans
» le temps dont on conviendra, un cer-
» tificat du déchargement defdites Mar-
» chandifes, en un lieu non-Ennemi, le-
» quel certificat, pour être valable, fera
» légalifé & attefté véritable par un Con-
» ful, Réfident, Agent ou Commiffaire
» du Roi, & en cas qu'il ne s'en trouve
» point, par les Juges des lieux.

§. IV.

*Stipulations, arrêtées par les Trai-
tés avec l'Espagne fur ce
fujet.*

LORSQU'APRÈS la paix de Weft-
phalie, par laquelle la République des
Provinces - Unies des Pays-Bas fut réconnue par l'Efpagne même pour un
Etat libre & indépendant, cette Couronne penfa pour un moment à donner
quelque activité à fon Commerce, elle

fit & conclut à la Haye, le 17 Décembre 1650, un *Traité de Navigation* & *de Commerce avec* sadite Affranchie, *la République d'Hollande*, dont le XIIIe Article porte en substance ce qui suit:

» Il a été arrêté & convenu, que » tout ce qui se trouvera chargé par les » Sujets & Habitans des Provinces-» Unies, dans les Vaisseaux des Enne-» mis de l'Espagne, quoique ce ne fus-» sent point des Marchandises de Con-» trebande, sera confisqué, avec tout » ce qui se trouvera de surplus dans les-» dits Navires, sans exception ni ré-» serve.

La même stipulation se trouve mot pour mot insérée dans le *Traité de Commerce* que la Cour d'*Espagne* arrêta à Madrid le 23 Mai 1667, avec l'*Angleterre*, à l'Article XXVIe On sçait que ce Traité de Commerce a été confirmé & ratifié par les deux Couronnes, par celui d'*Utrecht*, signé le 9 Décembre 1713.

L'Article VIIe de ce même *Traité* de l'année 1667 avec l'Angleterre, « au-» torise les Anglois à vendre ou à échan-» ger dans les Ports de l'Espagne, les » Biens des Ennemis de cette derniere

» Monarchie ; pourvû qu'ils s'en soient
» rendus maîtres par la force des armes ,
» & que la Saisie en ait été jugée légi-
» time. » Cette stipulation paroît sin-
gulière. Mais il faut sçavir que les Ordonnances de l'Espagne appellent Marchandises de Contrebande , toutes celles qui appartiennent aux Ennemis de
l'Etat , dont par conséquent le Commerce est défendu dans le Royaume ;
à moins qu'une Convention particuliére
n'en donne le droit à quelque Nation ,
comme le fait ici celle que nous venons
de citer , en faveur des Anglois.

L'Article XXIe du *Traité de Navigation* de l'année 1650, avec la République des Provinces-Unies que nous avons
déja nommé au commencement de cette
Section , contient une disposition qui paroît contraire à celle dont on est convenu avec l'Angleterre , & contradic-
toire en elle - même ; car elle interdit
aux Hollandois , dans les Ports de l'Espagne , le déchargement des Effets de
leurs Prises, *s'ils sont de Contrebande ;*
en leur permettant cependant d'y vendre ce qu'ils auront pris sur les Ennemis de l'Espagne ; ce qui paroît indé-
chiffrable , puisque tous les biens des

Ennemis font cenfés être de Contrebande en Efpagne : A moins qu'on ne
veuille dire que le mot de Contrebande
fignifie ici uniquement la Contrebande
civile ou mercantile en temps de paix,
dont l'entrée eft toujours défendue ; car
il feroit abfurde d'imaginer qu'il fût
queftion de la Contrebande de Guerre,
tout Etat Belligérant étant toujours char-
mé d'en voir arriver chez lui le plus qu'il
eft poffible.

VOICI enfin de quoi *la Cour de Madrid* eft convenue avec celle *de VIEN-
NE*, au fujet de la Déclaration de bonne Prife, en vertu du *Traité de Commerce*, figné entre les deux Cours en
1725. C'eft le Xe Article de ce Traité
que nous allons transcrire :

» Il eft, outre cela, accordé & con-
» venu, que toutes Marchandifes, de
» quelque genre qu'elles foient, quoi-
» que apparténantes aux Sujets de l'un
» ou de l'autre des Séréniffimes Con-
» tractans, fi elles font trouvées fur un
» Navire Ennemi, feront confifquées,
» enfemble avec le Navire ; bien que
» ce ne fuffent point des Marchandifes
» de Contrebande.

IL paroît fort fingulier que les Traités de Commerce qui décident du fort des Réprifes Neutres, foient en fi petit nombre : Quoique les queftions qui concernent cette matiére ne laiffent pas d'être bien plus délicates que celles qui regardent les Prifes fimples, & que d'ailleurs les cas des Réprifes foient affez fréquens.

Il y a cependant deux Traités faits avec l'Efpagne, qui parlent de Réprifes faites par l'un des Ennemis, d'effets ou de Navires pris fur des Neutres par l'autre. Le premier de ces Traités fut conclu en 1676, entre *l'Efpagne* fous le régne de Charles II, & la *République d'Hollande*. Le IIIe Article de ce Traité porte en fubftance :

» Que fi quelque Vaiffeau de Sa Ma-
» jefté, ou de quelqu'un de fes Sujets,
» réprend fur les Ennemis quelque Bâti-
» ment qu'ils auront gardé pendant deux
» jours, le cinquiéme de fa valeur &
» de fa Cargaifon appartiendra au Ré-
» preneur ; & la moitié, fi les Enne-
» mis l'ont gardé au-delà de ce terme.

La difpofition du XLIIIe Article du Traité de Commerce, fait avec l'Empereur en 1725 & allégué ci-deffus, différe peu de la précédente :

» On est convenu, *y est-il dit*, que
» si quelque Navire apparténant aux Su-
» jets de Sa Majesté Impériale, ayant
» été pris par un Ennemi, & venant
» à être repris sur lui par un Navire de
» Guerre de Sa Majesté Catholique, &
» que cette reprise ait été faite dans l'es-
» pace des premiéres quarante-huit heu-
» res que le Navire avoit été en la puis-
» sance des Ennemis, la cinquiéme par-
» tie dudit Navire & de la charge qu'il
» porte, appartiendra pour récompense
» au Récupérateur : Que si le Navire
» pris est délivré dans les fécondes qua-
» rante-huit heures, le Récupérateur en
» aura la troisiéme partie : Et enfin, si
» la réprise ne se faisoit qu'après les der-
» niéres quarante-huit heures, la moi-
» tié du Navire & de sa Cargaison doit
» être pour le Récupérateur, & l'au-
» tre moitié rétournera aux Propriétai-
» res. La même chose s'observera, si
» quelque Navire récouvré apparténoit
» aux Sujets de Sa Majesté Catholique,
» & que le Récupérateur fût un Navire
» de Guerre, ou armé en course, de
» Sa Majesté Impériale.

§. V.

Convention entre l'ANGLETERRE & la République des PROVINCES-UNIES des Pays-Bas.

CETTE Convention fait l'objet du VIIIᵉ Article du *Traité de Marine* & de Navigation, conclu entre ces deux Puiſſances Maritimes, le premier Décembre 1674. Il porte en ſubſtance :

» Il a été en outre, accordé, que
» tout ce qui ſe trouvera chargé par les
» Sujets de Sa Majeſté, ſur un Navire
» apparténant aux Ennemis des Seigneurs
» Etats - Généraux, de quelque eſpéce
» que ce ſoit, & quoique ce ne fuſſent
» point des Marchandiſes de Contre-
» bande, ſera entiérement confiſqué ;
» mais en revanche, on tiendra pour
» libre & affranchi, tout ce qui ſe trou-
» vera chargé ſur des Navires appar-
» ténans aux Sujets de Sa Majeſté, quoi-
» que toute la Cargaiſon, ou une par-
» tie d'icelle, appartienne en pleine
» propriété aux Ennemis des Seigneurs
» Etats-Généraux : En ſeront exceptées

» cependant les Marchandifes de Con-
» trebande , à l'égard defquelles on fe
» réglera abfolument fuivant ce qui a
» été prefcrit par les Articles précédens.
» De même , tout ce qui fe trouvera
» chargé par les Sujets des Seigneurs
» Etats-Généraux , fur aucun Navire,
» apparténant aux Ennemis de Sa Ma-
» jefté , quoique ce ne fuffent point des
» Marchandifes de Contrebande , fera
» confifqué ; mais , au contraire , tout
» ce qui fe trouvera chargé fur des Na-
» vires apparténans aux Sujets des Sei-
» gneurs Etats-Généraux , fera envifagé
» comme étant libre & affranchi; quoique
» la charge, en tout ou en partie, fût trou-
» vée apparténir en pleine propriété aux
» Ennemis de Sa Majefté : A l'excep-
» tion toutefois des Marchandifes de
» Contrebande, par rapport auxquelles
» on fuivra exactement ce qui a été ar-
» rêté par les Articles précédens. Et
» afin que l'une des deux Parties qui refte
» en paix, ne fouffre aucun dommage
» à l'improvifte, en cas que par hazard
» l'autre entrât en Guerre , il a été ar-
» rêté & convenu, qu'un Navire appar-
» ténant aux Ennemis de l'une des deux
» Parties, & chargé d'Effets apparténans

» aux Sujets de l'autre , ne fera point qu'à
» cause de ce prétendu vice , ces Effets
» soient sujets à confiscation ; pourvû que
» ledit Navire en ait été chargé avant
» l'expiration des termes ci-dessous dési-
» gnés , après la dénonciation ou la dé-
» claration de la Guerre , sçavoir : S'il
» a été chargé desdits effets dans quel-
» que port ou lieu , depuis l'endroit
» nommé *The Soundings* en Anglois &
» *de Sorlings* en Hollandois , jusqu'à
» l'endroit de la Norvége que les An-
» glois appellent *The Naz* , & les Hol-
» landois *Ter-Neuze* , dans l'espace de
» six Semaines , après la Déclaration de
» la Guerre ; de deux mois , depuis ledit
» endroit The Soundings, jusqu'à la Ville
» de Tanger ; de dix Semaines dans la Mer
» Méditerranée ; & enfin de huit mois
» dans tous les autres endroits du monde.
» Tous les Effets , chargés par les Sujets
» de Sa Majesté sur toutes sortes de Navi-
» res ou Bâtimens de ceux qui seront de-
» venus Ennemis des Seigneurs Etats-Gé-
» néraux , quand ils seront pris ou saisis , ne
» pourront être confisqués sous ce prétex-
» te ; mais on doit les restituer sans délai à
» leurs Propriétaires , à moins qu'ils n'aient
» été chargés après l'expiration desdits

» termes : Cependant il ne fera point
» permis de tranſporter leſdits Effets qui
» n'auront pas été confiſqués, dans quel-
» que port apparténant aux Ennemis,
» en cas que ce fuſſent des Marchandi-
» ſes de Contrebande. De même, ne
» pourront être confiſqués ſous un tel
» prétexte, aucuns Effets, apparténans
» aux Sujets des Seigneurs Etats-Géné-
» raux, & pris ou ſaiſis ſur aucun Na-
» vire ou Bâtiment, apparténant à l'En-
» nemi de Sa Majeſté ; mais ils ſeront
» rendus aux Propriétaires ſans aucun
» rétardement ; à moins qu'ils ne ſoient
» chargés après l'expiration des termes
» preſcrits : Cependant, ſi ce ſont des
» Marchandiſes de Contrebande, il ne
» ſera point permis de les tranſporter
» aux Ports des Ennemis ; quoique ſans
» cela elles ne ſoient point ſujettes à
» confiſcation.

Fin de la ſeconde Partie & du
Tome II.

ON ne fera peut-être pas fâché de trouver ici, à la fuite de cet Ouvrage, une Traduction Françoife du nouveau Réglement du Roi, toûchant la Navigation de fes Sujets, quand il y a Guerre chez d'autres Nations.

Nous nous fommes d'autant plus volontiers déterminés à communiquer cette Piéce au Public à cette occafion, que, non-feulement fon objet eft intimement lié à celui de tout l'Ouvrage qui la précéde, ou, pour mieux dire, le même; mais, qu'outre cela, c'eft un monument de la modération rare & intelligente du Roi, qui conftate au parfait les fages précautions qui ont été prifes par Sa Majefté, pour affûrer à fes Peuples, en vrai Pére, une Navigation paifible & non - troublée, pendant que la plûpart du refte de l'Europe, fent le poids des avanies accablantes qu'entraînent les Guerres Maritimes.

D'ailleurs, on ne fçaura lire avec quelque attention les Articles de cette Ordonnance, fans admirer l'Equité réfléchie du Législateur , & l'exactitude scrupuleuse avec laquelle il a voulu que ses Sujets Navigateurs se conformassent à ce que dictent à toute rigueur , les Loix inaltérables de la Justice primitive , & celles du Code Conventionnel des Empires , en tant que ces derniéres obligent les Etats soumis à sa domination.

Au reste , nous nous persuadons qu'on trouvera ce Réglement si juste & si bien entendu , qu'il pourra servir de modéle , dans des circonstances pareilles , à d'autres Nations Maritimes , Commerçantes & soigneuses à remplir amplement & réligieusement les Devoirs de la Neutralité , dans la partie qui concerne leur Navigation. Le voici en propres termes :

ORDONNANCE ET RÉGLEMENT DU ROI, CONCERNANT LA NAVIGATION DE SES SUJETS, PENDANT LA GUERRE ENTRE DES PUISSANCES MARITIMES.

Du 30 Juillet 1756.

NOUS FREDERIC V, PAR LA GRACE DE DIEU, Roi de Danemarc & de Norvége , &c. &c. &c. Sçavoir faisons , que pour la conservation & l'augmentation du Commerce dans nos Royaumes & Etats, & pour que nos Sujets, conformément aux Traités & selon les Droits de la Neutralité, puissent faire & continuer avec d'autant plus de liberté & de sûreté leur Négoce & leur Navigation dans les Mers du Nord & l'Océan Atlantique, & plus loin, pendant la Guerre survenue entre des Puissances Maritimes, Nous avons trouvé bon de faire publier le Réglement & l'Ordonnance suivans, sur lesquels Nos Sujets, dans leur Commerce & Navigation en temps de Guerre, auront à se régler à l'avenir, & jusqu'à ce que Nous en ayons autrement ordonné ; & par-là se garantir de toute perte & dommage, qui pourroient leur arriver lorsqu'ils s'écarteroient des Articles suivans.

ARTICLE I.

TOUS & chacun de Nos Sujets, qui se proposent de naviger de nos Royaumes & Etats dans les Mers du Nord & l'Océan Atlantique, ou plus loin, pour commercer, soit avec les Pays & Places des Puissances en Guerre, soit avec des Nations Neutres, se pourvoiront de Certificats en bonne & dûë forme , par lesquels ils puissent faire connoître en termes exprès , qu'ils sont les seuls & vrais Propriétaires du Vaisseau , & qu'ils n'ont à bord aucune Marchandise de Contrebande , destinée pour quelqu'une des Nations en Guerre. Après quoi , conformément à l'Article XIII de ce Réglement , ils demanderont & obtiendront nos Passe-ports pour entreprendre leur voyage.

Lesdits Certificats seront conçus suivant la Formule ci-dessous , & imprimés en langue latine , avec la traduction danoise ou allemande à côté ; & pour les obtenir & les donner , on se conduira comme il sera dit ci-après.

Formule du Certificat.

Nous Président , Bourguemaîtres & Conseillers de . . . . . . attestons & certifions par ces Présentes , que le . . . . . jour du mois . . . . de l'année , a comparu devant Nous. . . . . . Bourgeois & Habitant de la Ville . . . . . . & sous le serment dont il est tenu & engagé envers Sa Majesté , le Roi , notre Souverain , nous a déclaré, que le Navire , nommé . . . . . . de . . . . . . Lasts , appartient au Port. . . . . . à la Ville . . . . .

au Bourg dans la Province . . . . &
que lui feul (ou lui & les autres Sujets
de Sa Majesté) eft (ou font) à
jufte titre le vrai Propriétaire dudit Navire ; lequel devant actuellement mettre à la voile du Port de . . . .
chargé des Marchandifes portées fur l'ac-
quit, qui lui a été expédié par les Officiers de la Douane ; affûrant fous le
même ferment, que ledit Navire appartient uniquement aux Sujets de Sa Majesté, & qu'il ne porte aucune Mar-
chandife prohibée, deftinée à l'une ou
l'autre des Nations actuellement en
Guerre. En témoin de quoi, nous lui
avons donné le préfent Certificat, figné
par le Sécrétaire, & fcellé du Scel de
notre Ville.

Article II.

On n'expédiera, ni ne délivrera de
pareils Certificats qu'à nos Sujets feuls,
actuellement établis, & démeurans dans
nos Royaumes, & Etats de notre Domination, ou qui, au temps de l'expédition de nos Certificats, font abfens
pour leurs affaires. On ne délivrea
aucun Certificat aux Propriétaires ou
Maîtres des Navires, nés Sujets des
Puiffances

Puiſſances en Guerre, s'ils ne ſont venus
dans nos Etats & Royaumes, & y
ont prêté leur Serment de fidélité avant
la Déclaration de la Guerre; ni même à
ceux, qui, après avoir acquis le Droit
de Bourgeoiſie, & avoir été Naturali-
ſés, ſeroient retournés dans les Pays
des Puiſſances en Guerre pour y continuer leur Commerce.

A R T I C L E III.

CEUX de nos Sujets, qui voudront
ſe pourvoir des Certificats, ſe préſen-
teront devant les Magiſtrats, ou à leur
défaut, devant l'Officier du lieu, auquel le Navire appartient, ou de celui
de la demeure des principaux Armateurs; afin que tous, ou du moins les
principaux d'entr'eux, affirment par ſer-
ment ou perſonnellement, ou par un
Ecrit ſigné de leur propre main, que
le Vaiſſeau, pour lequel ils demandent
le Certificat appellé...... de Port.....
Laſts étant au Port de....... & deſ-
tiné pour......... appartient légitimement & réellement à lui ou à eux ſeuls,
& non pas à aucun autre, obſervant
tout ce qui eſt ordonné dans l'Article IIe. Et de plus, qu'ils n'ont employé

ni Contrat fimulé, ni commis aucune fraude en quelque façon que ce puiffe être.

ARTICLE IV.

TANT que dureront les troubles de la Guerre entre des Puiffances Maritimes, aucun de nos Sujets n'achétera, ni n'acquérera directement ou indirectement un Navire conftruit dans le Pays des Puiffances Belligérantes, ou qui ait apparténu aux Sujets defdites Nations. N'y feront cependant pas compris ceux qui auront été enlevés & pris par les Vaiffeaux des Puiffances Belligérantes depuis la Déclaration de la Guerre, & qui auront été déclarés de bonne Prife, lefquels, felon l'ufage reçu, fe vendent & s'achetent ouvertement dans les Pays & Endroits où il s'en trouve.

ARTICLE V.

TOUT Vaiffeau que nos Sujets acheteront ou feront conftruire au dehors, pendant le cours de la Guerre entre des Puiffances Maritimes, fe vendra, avant qu'on lui expédie le Certificat, ou qu'on lui délivre Notre Paffeport, dans un des Ports de nos Royau-

mes & Etats, pour s'y pourvoir, fçavoir, dans nos Royaumes de Danemarc & de Norvége, de Lettres de
Jauge & de Marque ; Et dans les Du-
chés & Provinces Allemandes, d'une
Attestation des Magistrats pour constater le Fait & certifier fa Présence. Voulons, que ni l'une ni l'autre de ces Piéces, ne foient données & expédiées à
d'autres Vaisseaux qu'à ceux qui fe trouvent effectivement dans nos Ports, Havres ou Rades, d'où ils veulent partir, ou dans quelque autre Port de nos
Royaumes & Provinces.

ARTICLE VI.

LES Vaisseaux qui auront été achetés des Sujets des Nations Belligérantes avant le commencement de la Guerre, ou ceux qui, pendant la Guerre,
ont été déclarés de bonne Prife, feront
tenus d'avoir toujours à bord les Contrats d'achat, ou Procès-verbaux d'adjudication, de même que le Jugement,
qui les déclare de bonne Prife, lefquelles Piéces feront vérifiées par le
Magistrat du lieu, ou par les Officiers
y préposés, qui certifieront, qu'elles y
ont été lûes & enregitrées ; le tout pour

être produit, le cas le réquérant, &
pour conftater d'abord, en quel lieu,
& par qui ces Vaiffeaux ont été achetés, foit avant la Guerre, foit après;
s'ils font de ceux qui ont été déclarés de
bonne Prife; d'autant plus, que faute
de ces Piéces trouvées à bord, celles
qni pourroient être rapportées par la fuite, ne feroient aucune foi, & ne feroient
d'aucune utilité.

ARTICLE VII.

TOUS les autres Vaiffeaux, foit
qu'ils aient été conftruits & achétés
dans nos Etats, ou dans d'autres Pays,
auront à bord leurs titres ou Contrats
de Vente & d'Achât dûement vérifiés,
comme il eft dit ci-deffus, par les Magiftrats, pour conftater, quand, ou par
qui ils ont été achetés ou bâtis; afin
de les produire de même, le cas exif-
tant, & de prouver par icelles la propriété légitime du Bâtiment.

ARTICLE VIII.

LE Capitaine, Patron, ou Maître,
qui conduira en temps de Guerre un
Navire apparténant à quelqu'un de nos

Sujets dans les Mers du Nord &’ de l’Océan Atlantique, ou plus loin, doit être de nos Sujets, être établi dans nos Royaumes & Etats, avoir gagné la Bourgéoisie, & avoir prêté son Serment, suivant la formule ci-après, devant le Magistrat du lieu de sa demeure, s’il s’y trouve avec son Vaisseau; mais s’il est dans quelque autre Endroit de nos Royaumes & Etats, alors les Armateurs lui envoyeront le Certificat qu’ils auront reçu du Magistrat du lieu où ils demeurent; lequel Certificat il présentera au Magistrat du lieu où il se trouve avec son Vaisseau, ou aux Officiers qui y exercent la Jurisdiction, & fera devant lui ou devant eux, sa Déclaration, qu’il affirmera par Serment.

Cependant, avant qu’il soit admis au Serment, il présentera avec ledit Certificat, ses Lettres de Bourgéoisie; afin que le Magistrat puisse s’assûrer, qu’il est effectivement notre Sujet. A quoi ayant satisfait, il prêtera son Serment, lequel, soit que sa destination soit pour un des Ports des Puissances en Guerre, ou pour ceux des Puissances Neutres, sera conçu en ces termes:

Moi . . . . Capitaine, ou Maître
du Navire . . . . (nommé dans le
Certificat) Sujet de SA MAJESTÉ, le
Roi de Danemarc, Norvége, &c. &c.
Bourgéois & Habitant de cette Ville . . . . .
(ou de . . . .) confesse & certi-
fie par mon présent Serment, que de
ma connoissance il ne s'est rien commis,
ni se commettra rien, contre la téneur
de ce Certificat, ni directement, ni
indirectement, ni par moi, ni de mon
aveu, volonté, permission, ou consentement, & que je n'abuserai ni du Certificat, ni du Passe-port du Roi. Ainsi,
Dieu me soit en aide !

Quand le Capitaine ou Maître de
Navire aura prêté ce Serment, il sera
certifié par ledit Magistrat, au bas de
l'Expédition : Que le Capitaine ou Maître de Navire a prêté le Serment que
nous lui avons enjoint.

A R T I C L E I X.

PERSONNE ne sera reçu Capitaine
ou Maître de Navire, ni ne conduira
les Vaisseaux apparténans à nos Sujets,
s'il est né Sujet des Puissances en Guer-

re ; à moins qu'il ne se soit établi dans nos Etats avant le commencement de la Guerre actuelle , & qu'il n'y ait gagné le Droit de Bourgéoisie avant ce terme.

ARTICLE X.

Aucun Capitaine ou Maître de Navire , à qui sera confié la conduite des Vaisseaux de nos Sujets, ne mettra à la voile pour aller dans les Mers du Nord, de l'Océan ou plus loin, sans avoir à bord un Rôle d'Equipage, qui fasse mention de tous ceux qui sont sur le Vaisseau , avec les additions, que la Formule ci-dessous expliquera. Lequel Rôle sera vérifié, & signé, sçavoir dans notre Ville & Résidence de Copenhague, par le Waterschout, & scellé du Sceau de la Jurisdiction des Causes Maritimes, & dans les autres Villes de nos Royaumes par le Magistrat du lieu, ou l'Officier y préposé, sous le Sceau & la Signature du Sécrétaire, ou Greffier de la Ville.

Entre ceux qui composent les Equipages des Vaisseaux , il ne se doit trouver aucun Suprecargue, Facteur, Marchand , Commis ou Officier Marinier d'un Pays ou Ville des Puissances en Guerre. L'Equipage même du Vaisseau ne sera pas non plus composé au-delà du tiers de Matelots nés Sujets desdites Puissances , desquels le Rôle fera une mention expresse , pour connoître exactement leur nombre , & d'où ils sont.

Si le Capitaine , ou Maître de Navire , dans le cours de son Voyage , est contraint de prendre dans les Pays Etrangers des Officiers , Mariniers ou Matelots , Sujets nés des Puissances Belligérantes , pour remplacer ceux de son Equipage , qui sont morts , ou qui ont déserté , il sera tenu de se munir & d'avoir à son bord des preuves ou actes autentiques visés par le Notaire , ou attestés par le Magistrat du lieu où il les a pris , pour en justifier la cause , le nombre & les noms. S'il se trouve quelque Matelot , qui ne soit ni né de nos Sujets , ni naturalisé par aucun Droit de Bourgéoisie , par le Service sur nos Flottes , ou par une longue demeure dans nos Royaumes , il en sera pareillement fait mention dans le Rôle.

Formule du Rôle d'Equipage, tel qu'il doit se trouver à bord des Vaisseaux de nos Sujets, avant qu'ils mettent à la Voile de la Rade ou du Havre, pour quelque Ville de la Mer du Nord, de l'Océan, ou plus loin.

RÔLE DE L'ÉQUIPAGE.

DU Vaisseau......... commandé par......... du Port......... de......... Lasts......... Capitaine ou Maître du Navire *N. N.* né à......... (ou naturalisé & reçu Bourgéois à ...... le .... 17 ....) Suprecargue *N. N.* né à......... Marchand..... *N. N.* né à... Commis ou Ecrivain du Vaisseau *N. N.* né à....... Pilote, ou Pilotes....... *N. N.* né à......

Baadsmoend.......
Charpentier du Navire } ...nés à..
Voilier..........
Cuisinier..........

Et ainsi de suite, les noms & surnoms, & les lieux de naissance des Matelots nés dans le Pays; les noms & les lieux de naissance des Matelots, qui ne sont point nés dans le Pays, ni naturalisés, mais qui sont d'un Pays Neutre, ou de ceux des Puiſſances en Guerre.

Les noms & les lieux de naiſſance des Oplœbere ou Mouſſes, &c.

Le Rôle ainſi dreſſé & ſigné par le Capitaine ou Maître, ſera atteſté véritable par les Magiſtrats des Villes de nos Royaumes (la Ville de Copenhague exceptée) comme ci-après :

NOUS Préſident, Bourguemaîtres & Conſeillers (ou Byefoged) de SA MAJESTÉ, de la Ville de . . . . atteſtons le Rôle ci-deſſus véritable , & en bonne forme. En foi de quoi , nous l'avons fait ſigner par le Sécrétaire (ou Greffier) & appoſer le Sceau de la Ville le . . . . . de l'an 17 . . . .

De plus, on joindra audit Rôle de l'Equipage , les Contrats & Accords qui, ſelon nos Edits & Ordonnances, ſeront en tout temps, ſoit en temps de Paix, ſoit en temps de Guerre, rédigés par écrit, & comprendront les gages par mois, & tout le payement des Matelots, ainſi que tout ce qui concerne le commencement & la continuation du Voyage, & tout ce qui a été convenu là-deſſus, de même que tout ce qui regarde l'engagement de l'Equipage & ſes devoirs envers les Propriétaires & le Maître du Navire pendant le Voyage ; le tout figné de part & d'autre, felon la Formule qui eft entre les mains du Waterfchout au Bureau des Mariniers de Copenhague. En outre, tout Capitaine ou Maître de Navire fera tenu, à chaque Voyage qu'il fait aux Ports des Pays Étrangers, de produire fon Rôle d'Equipage, devant nos Confuls, Agens ou leurs Subftituts, & même, felon l'exigence du Cas, devant nos Juges, & à ceux des autres Pays.

ARTICLE XI.

AINSI tout Capitaine ou Maître de Navire, qui monte un Vaiffeau de nos Sujets deftiné pour les Mers du Nord, l'Océan & au-delà, aura à fon bord, avant que de fe mettre en Mer :

1. Ses Lettres de Bourgéoifie.

2. La Charte-Partie, Affrêtement ou Connoiffement de toute fa Charge, lorfqu'il eft frêté en entier ; & les Connoiffemens, lorfqu'il y a différens Chargeurs ; lefquels Charte-Partie ou Connoiffemens contiendront le nom du Vaiffeau & du Capitaine, ou Maître de Navire ; du lieu du départ, & de l'en-

droit où il a reçu les Marchandises , & de celui de la décharge : De qui il a reçu les Marchandises ; le nom du Chargeur & de celui auquel elles doivent être consignées, de même que la quantité , qualité, marques & numéros des Marchandises , Ballots, Futailles , & Paquets , & le prix de leur Frêt.

Tous les Connoissemens seront signés par le Capitaine ou Maître du Vaisseau , & seront faits triples , dont l'un restera avec le Vaisseau , lequel, comme les deux autres , doit être également signé de lui & se trouver entre ses mains & à bord du Vaisseau , avant qu'il mette en mer, ou sorte du Port, d'autant plus que tous Connoissemens non-signés sont nuls & de nulle valeur.

3. Les Titres ou Contrats d'achat , conformément aux Articles V , VI & VII ci-dessus.

4. Les Lettres de Jaugéage & de Marque , à l'exception des seuls Vaisseaux que Nous avons exemptés du Droit de Jaugéage & de Marque.

5. Le Rôle de l'Equipage , tel qu'il a été ordonné par l'Article X^e de ce Réglement.

6. Les Certificats , qui , selon les

Articles I, II, III & IV doivent être demandés & expédiés.

7. Notre Paſſe-port en latin, qui ſera délivré après qu'on aura rapporté les Certificats ci-deſſus.

8. Et enfin, les Acquis du payement des Droits aux Bureaux des Douanes, conformément à leurs déclarations ; de même que les Certificats ou Acquits de la Douane d'Oereſund pour les Navires qui paſſent le Détroit du Sond.

ARTICLE XII.

CEUX de nos Sujets qui ſeront pourvus des Certificats du Magiſtrat Compétent, ordonnés ci-deſſus, demanderont & obtiendront de nos Chancelleries nos Paſſe-ports dont le Formulaire ſera rapporté ci-après ; & afin de ſoulager en tout le Commerce & la Navigation, Nous avons permis, & permettons par ces Préſentes : Que la déclaration des Propriétaires, toûchant leur Propriété & leur part dans le Vaiſſeau, conformément au IVe Article de ce Réglement, auſſi-bien que la preſtation du Serment des Capitaines, ou Maîtres des Navires, ſuivant le IXe, le Rôle d'Equipage, ſuivant le XIe, &

les Certificats mêmes, foient écrits ou imprimés fur du papier non-timbré, faffent foi en Juftice & hors de Juftice, & foient par-tout régardés auffi valables, que s'ils étoient expédiés fur le papier timbré, ordonné dans nos Royaumes & Etats. Et comme nos Ordonnances ne contiennent aucune difpofition qui fixe les Droits de l'Expédition des Certificats & Atteftations, & que nous voulons que les Commerçans & Navigateurs ne foient point moleftés, ni qu'on prenne dans un endroit de nos Provinces un plus grand droit que dans l'autre, Nous voulons & ordonnons que pour un Certificat avec l'atteftation du Serment du Maître de Navire, il ne foit payé dans les Villes où il y a un Magiftrat qu'un Rixdaler pour un Vaiffeau de 50 Lafts & au-deffous, & un Rixdaler & demi pour un Vaiffeau au-deffus de 50 Lafts. De même, on ne payera pour l'Expédition des atteftations des Contrats de Vente, des Rôles d'Equipage & autres Actes, que deux Marcs Danois pour un Vaiffeau de 50 Lafts & au-deffous, & trois Marcs, ou un demi-Rixdaler, pour un Vaiffeau au-delà de 50 Lafts ; mais dans les endroits où il n'y a point de Magiſtrat, & où la connoiſſance de ces cauſes appartient au Byefoged, ou à quelque autre de nos Officiers, les Droits de l'expédition ſeront fixés à un tiers de moins ; de laquelle diſpoſition Nous exceptons cependant notre Réſidence de Copenhague, où l'on en percevra un tiers de plus :

Suit la Formule des Paſſe-ports.

NOUS FRÉDÉRIC, &c. &c. A tous ceux qui ces préſentes Lettres verront, SALUT : Sçavior, faiſons que . . . . notre Sujet & Bourgéois de la Ville de . . . . Nous ayant fait expoſer, que le Vaiſſeau du port de . . . Laſts, nommé . . . . lui appartient (ou à pluſieurs de nos Sujets ;) qu'il en a (ou ont) ſeul la propriété ; qu'il n'eſt chargé d'aucune Marchandiſe de Contrebande, & qu'il a deſſein de le faire partir ſous la conduite du Capitaine . . . . ou de celui qui ſera mis en ſa place, du Port de . . . . où il eſt actuellement pour . . . . ou d'autres lieux, ſuivant que ſa roûte & l'avantage de ſon Commerce le déman-

deront, ou qu'il pourra trouver sa charge.
Ce que notredit Sujet . . . . . ayant
affirmé par Sement, Nous avons trouvé
bon de donner à lui & audit Navire
nos préfentes Lettres & Paffe-ports.

A ces Caufes , &c.

N o s F r i d e r i c u s , &c. &c.
notum teftatumque volumus omnibus &
fingulis , quibus hæ noftræ Salvi Conductus litteræ exhibentur , quòd . . . .
Subditus nofter & Civis Urbis . . . . .
humillimè Nobis exponi curaverit , Na-
vim . . . . Laftarum capacem cui
nomen . . . . ad fe (aliofque Sub-
ditos noftros) pertinere eique foli pro-
priam , mercibus prohibitis non onuftam
feque jam in eo effe , ut iftam fub duc-
tu Naucleri . . . . vel alius forfan
ejus loco fubftituendi ex Portu . . . . .
ubi nunc ftationem habuerit , in aliaque
loca , quemadmodum iter & commer-
ciorum utilitas latura effet , vel vectu-
ram adinvenire poffet , mitteret. Quod
cùm prædictus . . . . Subditus
nofter juramento affirmaverit , eimdem
cum præfatâ navi hifce Salvi conductus
noftri Litteris muniendum cenfuimus.
Proinde . . . . &c.

ARTICLE XIII.

AUCUN Paſſe-port ne pourra ſer-vir que pour un Voyage, ſçavoir de-puis que le Paſſe-port eſt obtenu & que le Vaiſſeau a mis en Mer, juſqu'à ce qu'il retourne & décharge dans aucun des Ports de nos Royaumes & Etats : Et afin de prévenir, autant qu'il eſt poſſible, toute confuſion & abus, & de garantir nos Sujets commerçans de toutes ſortes d'inconvéniens & pertes ; Nous voulons & ordonnons, que ceux de nos Sujets, qui, pendant la Guerre entre des Puiſſances Maritimes, navige-ront dans les mers du Nord & de l'O-céan, ou au-delà, (les Indes Orienta-les & Occidentales, ainſi que la Gui-née y compriſes) ſe pourvoiront tous des ſuſdits Paſſe-ports & ſeront tenus à la fin de chaque Voyage de remettre les anciens au Département où ils les auront reçus, avant que d'en obtenir d'autres pour un nouveau Voyage.

ARTICLE XIV.

ET afin que nos Sujets ſçachent ce qu'on entend ſous le nom de Marchan-diſes Défendues ou de Contrebande,

& qui , suivant les Traités de Commerce , conclus même entre des Puissances Maritimes , ne sçauroient être transportées dans les Etats & Ports des Puissances en Guerre ; Nous déclarons que sous le nom de Marchandises de Contrebande ou Défendues , on comprend : Les Armes , Canons , Arquebuses , Mortiers , Pétards , Bombes , Grenades , Saucisses , Cercles Poissés , Affûts , Fourchettes , Bandouliéres , Poudre à Canon , Mêche , Salpêtre , Balles , Piques , Epées , Morions , Casques , Cuirasses , Hallebardes , Javelines , Fourreaux de Pistolets , Baudriers , Chevaux avec leurs Harnois , & tous autres semblables genres d'armes & d'instrumens de Guerre , servant à l'usage des Troupes. Mais on ne met point au nombre des Marchandises Défendues celles qui suivent ; sçavoir : Toutes sortes de Drap & tous autres ouvrages de Manufacture de Laine , de Lin , de Soie , de Cotton & de toute autre matiére ; tous genres d'Habillemens avec les choses qui servent ordinairement à les faire ; Or , Argent monnoyé & non monnoyé , Etain , Fer , Plomb , Cuivre , Laiton , Charbon de terre , Bleds , Orge , & toute autre

forte de grains & de légumes ; le Tabac ;
toutes fortes d'Aromates, Viandes fa-
lées & fumées ; Poiſſons ſalés, Fromage & Beurre ; Biere, Huile, Vin, Sucre ; toutes fortes de Sel & de Provi-
ſions ſervant à la nourriture & à la ſub-
ſiſtance des hommes ; tous genres de
Cotton, Chanvre, Lin, Poix, tant liquide
que ſéche, Cordages, Cables, Voiles,
Toiles propres pour faire des Voiles; Ancres & parties d'Ancres, quelles qu'elles
puiſſent être ; Mâts de Navire, Planches, Madriers, Poutres, de toutes ſortes d'Arbres, & toutes les autres choſes
néceſſaires pour conſtruire ou pour ra-
douber les Vaiſſeaux. On ne regarde
pas non plus comme Marchandiſes de
Contrebande, celles qui n'auront pas
pris la forme de quelque inſtrument ou
attirail ſervant à l'uſage de la Guerre ſur
terre ou ſur mer, encore moins celles
qui ſont préparées ou travaillées pour tout
autre uſage. Toutes ces Marchandiſes ſont
cenſées Marchandiſes libres, de même que
toutes celles qui ne ſont pas compriſes &
ſpécialement déſignées dans la liſte précé.
dente ; enſorte qu'elles pourront être librement tranſportées par nos Sujets, même
dans les Lieux & Etats des Puiſſances

Belligérantes ; excepté feulement dans les Places affiégées, blôquées & inves- ties.

ARTICLE XV.

ET comme d'un côté, Nous vou- lons que la préfente Ordonnance, donnée pour la fûreté du Négoce & de la Navi- gation de nos Sujets en temps de Guer- re, foit gardée & obfervée exactement ; de l'autre côté Nous ne permettrons point qu'aucun de ceux, qui ne font point du nombre de nos Sujets, engagés en- vers Nous, & liés par Serment, fe ferve de leur nom à leur préjudice ; & or- donnons en conféquence, que ceux qui feront trouvés y contrevenir, feront, fans diftinction de Perfonnes, punis fui- vant l'exigence du cas.

Ceux de nos Sujets, tant Propriétai- res que Capitaines, ou Maîtres de Na- vire, qui fe ferviront des Paffe-ports plus anciens que ceux qui font ordon- nés ici, foit qu'ils les emploient pour les Vaiffeaux pour lefquels ils les ont impétrés, ou pour d'autres Navires, foit qu'ils ofent céder ces Paffe-ports à d'autres perfonnes, ou y commettre quelque autre fraude, feront regardés

comme réfractaires à nos Ordres, &
punis comme tels exemplairement.

Les Magiſtrats qui donneront des Certificats, ou Atteſtations, ſans obſerver
la téneur du préſent Réglement, payeront, ſuivant le cas & ſuivant la grandeur des Vaiſſeaux, pour la premiére
fois une amende de cent ou de deux cens
Rixdaler ; la ſeconde fois, le double ;
& la troiſiéme fois, non-ſeulement ils
ſeront privés de leurs Emplois, mais encore pourſuivis, ſelon les Circonſtances,
en leur honneur & Biens.

ORDONNONS, en outre, à tout
Capitaine ou Maître des Navires, &
autres Officiers des Vaiſſeaux de nos
Sujets, d'agir civilement & ſans réſiſtan-
ce envers les Armateurs, Corſaires &
autres Vaiſſeaux ayans Commiſſion des
Puiſſances en Guerre, qu'ils rencontreront & qui demanderont à voir & à réconnoître leurs Paſſe-ports & autres Papiers, leſquels ils produiront & les ex-
pliqueront amicalement, ſans penſer à
ſe mettre en défenſe pour quelque ſujet
que ce puiſſe être, ſe repoſant uniquement ſur leur bonne foi, exempte de

toute collusion avec les Sujets des Puissances Belligérantes , & sur les Alliances
& Traités conclus entre Nous & les Puissances en Guerre. Et lorsque les Armateurs, Corsaires ou autres Vaisseaux ayant
commission , leur feront la semonce ou
monteront à leur bord , ils éviteront de se
rendre suspects en jettant à la Mer des
Lettres & Papiers , dont la preuve pourroit leur causer la perte du Vaisseau &
de sa Charge. En un mot : ils laisseront
toute chose en place, & produiront tout
ce qu'on leur demandera. Aussi nous ne
doutons pas , que les autres Puissances,
quoique engagées dans une Guerre entr'Elles, ne fassent jouir nos Sujets d'un
Commerce libre & d'une Navigation
tranquille , conformément aux Traités
qui subsistent entre Nous & Elles, &
conformément aux Droits de la Neutralité ; & qu'à cette fin, Elles ne défendent expressément & sous des peines
rigoureuses à leurs Vaisseaux de Guerre , Armateurs, Corsaires , ou autres
ayant commission, & en général à tous
leurs Sujets, de causer à nos Sujets aucun empêchement ou préjudice , encore
moins d'exercer contre eux quelque vio-

lence. De notre côté, nous ferons rendre une Juſtice exacte à tous & chacun qui prouveront à nos Sujets quelque Contravention à nos Ordonnances.

MANDONS & ordonnons à tous ceux qu'il appartiendra, tant à Nos Compagnies privilégiées & octroyées, qu'à tous nos autres Sujets de garder & d'obſerver ces Préſentes. SI DONNONS EN MANDEMENT à Notre Vice-Roi en Norvége, &c. &c. & tous autres qu'il appartiendra & auxquels ce Réglement ſera adreſſé, ſous le Scel de Notre Conſeil d'Œconomie & de Commerce, que ces Préſentes ils faſſent lire, publier & obſerver. DONNÉ à Friedensbourg, le 30 Juillet 1756.

Fin de l'Ouvrage.